El Arte del Sabor

Recetas Exquisitas para los Amantes de la Pastelería

Lucía Rodríguez

CONTENIDO

Torta con granja chorreando 12
Pan de Jengibre Americano con Salsa de Limón 13
Pan De Jengibre De Café 15
Pastel con crema de jengibre 16
Pastel de jengibre de Liverpool 17
pan de jengibre de avena 18
Pan de jengibre pegajoso 20
Pan De Jengibre Integral 21
Tarta de miel y almendras 22
Pastel de limón 23
Anillo de té helado 24
pastel de manteca 26
Pastel de alcaravea con manteca 27
Pastel marmoleado 28
Pastel de capas de Lincolnshire 29
una barra de pastel 30
Pastel de mermelada 31
Pastel de semilla de amapola 32
Tarta de yogur natural 33
Tarta de Ciruelas y Natillas 34
Tarta de frambuesa con glaseado de chocolate 36
Pastel de arena 37
Pastel de cereales 38
Pastel de anillo especiado 39

Pastel de capas picante 40
Pastel de azúcar y canela 41
Pastel de té victoriano 42
Pastel de frutas todo en uno 43
Pastel de frutas todo en uno 44
pastel de frutas australiano 45
pastel rico americano 46
Pastel de frutas de algarroba 48
Pastel de café con frutas 49
Pastelería pesada de Cornualles 51
pastel de grosella 52
Tarta de frutos negros 53
Masa cortada y devuelta 55
pastel dundee 56
Pastel de frutas sin huevos para la noche 57
Pastel de frutas confiable 58
pastel de frutas de jengibre 60
Pastel De Miel De Frutas 61
Pastel de Génova 62
Pastel de frutas glaseadas 64
Pastel de frutas Guinness 65
masa picada 66
Tarta de avena y albaricoque 67
Pastel de frutas para la noche 68
Pastel con pasas y especias 69
pastel richmond 70
Pastel de azafrán 71

Pastel de frutas de soda 72
Un pastel de frutas rápido 73
Pastel de frutas con té caliente 74
Pastel de frutas con té frío 75
Pastel de frutas sin azúcar 76
Pasteles De Frutas Pequeños 77
Pastel de vinagre de frutas 78
Pastel de whisky de Virginia 79
Tarta galesa de frutas 80
Pastel de frutas blancas 81
Tarta de manzana 82
Una tarta de manzana especiada con una parte superior crujiente 83
pastel de manzana americano 84
Pastel con Puré de Manzana 85
sidra de manzana 86
Tarta de manzana y canela 87
tarta de manzana española 88
Tarta de manzana y sultán 90
Tarta de manzana al revés 91
Pastel con albaricoques 92
Pastel de albaricoque y jengibre 93
Pastel de albaricoque borracho 94
pastel de platano 95
Torta de plátano crujiente con una parte superior crujiente 96
Esponja De Plátano 97
Pastel de plátano alto en fibra 98
Pastel De Plátano Y Limón 99

Bizcocho De Chocolate Con Plátano Licuadora 100

Pastel de nuez de plátano 101

Pastel de plátano con pasas todo en uno 102

Pastel De Plátano Y Whisky 103

Pastel de arándanos 104

Pastel de cereza con adoquines 105

Tarta de cerezas y coco 106

Tarta de cerezas y sultán 107

Tarta helada de cerezas y nueces 108

pastel de ciruela damascena 109

Tarta de dátiles y nueces 110

pastel de limón 111

bizcocho de naranja y almendras 112

pastel de avena 113

Pastel de mandarina congelado y picante 114

pastel de naranja 115

Pastel de durazno 116

Pastel De Naranja Y Marsala 117

Pastel de melocotón y pera 118

Pastel húmedo de piña 119

Tarta de piña y cereza 120

Pastel de piña natal 121

Piña al revés 122

Pastel de piña y nuez 123

pastel de frambuesa 124

Pastel de ruibarbo 125

Tarta de ruibarbo y miel 126

Pastel de remolacha 127
Pastel de zanahoria y plátano 128
Tarta de zanahorias y manzana 129
Tarta de zanahoria y canela 130
Pastel de zanahoria y calabacín 131
Tarta de zanahoria y jengibre 132
Tarta de zanahoria y nuez 133
Tarta de zanahoria, naranja y nuez 134
Tarta de zanahoria, piña y coco 135
Tarta de zanahoria y pistacho 136
Tarta de zanahoria y nuez 137
Tarta de zanahoria especiada 138
Tarta de zanahoria y azúcar moreno 140
Tarta de calabacín y tuétano 141
Tarta de calabacín y naranja 142
Pastel de calabacín especiado 143
pastel de calabaza 145
pastel de frutas de calabaza 146
Rollo de calabaza sazonada 147
Pastel de ruibarbo y miel 149
pastel de patata dulce 150
Tarta Italiana De Almendras 152
Tarta de almendras y café 153
Tarta de almendras y miel 154
Tarta de almendras y limón 155
Tarta de Almendras con Naranja 156
Tarta Rica De Almendras 157

Pastel Sueco De Macarrones	158
Pan de coco	159
tarta de coco	160
Pastel de coco dorado	161
Tarta de coco	162
Pastel de limón y coco	163
Pastel de coco de año nuevo	164
Pastel Sultán De Coco	165
Pastel De Maní Crujiente	166
Pastel de Maní Mixto	167
Torta griega de maní	168
Pastel de Maní Congelado	169
Tarta De Nueces Con Crema De Chocolate	170
Pastel de nueces con miel y canela	171
Barritas de Almendra y Miel	172
Barritas de crumble con manzanas y grosella negra	174
Barritas con albaricoques y avena	175
patatas fritas de albaricoque	176
Barras de plátano y maní	177
galletas americanas	178
Pastel de chocolate	179
Brownies de chocolate y avellanas	180
Barras de mantequilla	181
Caramelo de cereza en una bandeja	182
Cazuelas De Chocolate En Una Bandeja	183
Una capa de crumble de canela	184
Barras de canela pegajosas	185

Barritas de coco 186

Bocadillos con coco y mermelada 187

Traybake de dátiles y manzana 188

Rodajas de dátiles 189

Barras de dátiles de la abuela 190

Barritas de avena y dátiles 191

Barritas de dátiles y nueces 192

higo barra 193

flipjacks 194

Flapjacks De Cereza 195

Galletas de chocolate 196

Galletas de frutas 197

Flapjacks con frutas y nueces 198

palitos de jengibre 199

Flapjacks de maní 200

Galletas picantes de limón 201

Cuadritos de moca y coco 202

hola muñequita galletas 204

Barritas de nuez, chocolate y coco 205

Cuadrados de nuez 206

Rodajas de naranja pecana 207

Bizcocho 208

Barras de mantequilla de cacahuete 209

Rebanadas de pícnic 210

Barritas de piña y coco 211

Bizcocho de ciruelas y levadura 212

Barritas Americanas De Calabaza 214

Barritas de membrillo y almendras 215
Barras de pasas 217
cuadritos de avena y frambuesa 218

Torta con granja chorreando

Hace un pastel de 18 cm/7 pulgadas

225g/8oz/11/3 taza de mezclas de frutas secas (mezcla para pastel de frutas)

75g/3oz/1/3 taza de carne de res (manteca vegetal)

150g/5oz/2/3 taza de azúcar morena suave

250ml/8oz/1 taza de agua

225 g/8 oz/2 tazas de harina integral (entera)

5 ml/1 cucharadita de polvo de hornear

2,5 ml/½ cucharadita de bicarbonato de sodio (bicarbonato de sodio)

5 ml/1 cucharadita de canela molida

Una pizca de nuez moscada rallada

Una pizca de clavo molido

En una cacerola con fondo grueso, hierva la fruta, las gotas irritantes, el azúcar y el agua y cocine a fuego lento durante 10 minutos. Dejar enfriar. Mezcle los ingredientes restantes en un tazón, luego vierta la mezcla derretida y mezcle suavemente. Coloque con una cuchara en un molde desmontable de 18 cm/7 engrasado y forrado (bandeja) y hornee en el horno precalentado a 180°C/350°F/nivel de gas 4 durante 1½ horas, hasta que suba bien y se encoja de los lados de la bandeja.

Pan de Jengibre Americano con Salsa de Limón

Para un pastel de 20 cm/8 pulgadas

225 g/8 oz/1 taza de azúcar fina

50g/2oz/¼ taza de mantequilla o margarina derretida

30 ml/2 cucharadas de melaza negra (melaza)

2 claras de huevo, ligeramente batidas

225 g/8 oz/2 tazas de harina normal (para todo uso)

5 ml/1 cucharadita de bicarbonato de sodio

5 ml/1 cucharadita de canela molida

2,5 ml/½ cucharadita de clavo molido

1,5 ml/¼ de cucharadita de jengibre molido

Pizca de sal

250 ml/8 fl oz/1 taza de suero de leche

Para la salsa:

100 g / 4 oz / ½ taza de azúcar en polvo

30 ml/2 cucharadas de harina de maíz (harina de maíz)

Pizca de sal

Una pizca de nuez moscada rallada

250 ml/8 fl oz/1 taza de agua hirviendo

15 g/½ oz/1 cucharada de mantequilla o margarina

30 ml/2 cucharadas de jugo de limón

2,5 ml/½ cucharadita de ralladura de limón finamente rallada

Mezcle azúcar, mantequilla o margarina y melaza. Añadir proteínas. Mezclar la harina, el bicarbonato de sodio, las especias y la sal. Mezcle la harina y el suero de leche alternativamente con la mantequilla y el azúcar hasta que estén bien combinados. Poner una cucharada en un molde para tarta de 20 cm/8 de diámetro engrasado y enharinado y hornear en horno precalentado a 200°C/gas 6 durante 35 minutos, hasta que al pinchar con un palillo en el centro salga limpio. Dejar enfriar en el molde durante 5 minutos, luego colocar sobre la rejilla para terminar de enfriar. El pastel se puede servir frío o tibio.

Para hacer la salsa, combine el azúcar, la harina de maíz, la sal, la nuez moscada y el agua en una cacerola pequeña a fuego lento y revuelva hasta que estén bien combinados. Cocine a fuego lento, revolviendo, hasta que la masa esté espesa y clara. Agregue mantequilla o margarina y jugo de limón, ralle y cocine hasta que se mezclen. Vierta sobre el pan de jengibre para servir.

Pan De Jengibre De Café

Para un pastel de 20 cm/8 pulgadas

200 g/7 oz/1¾ tazas de harina leudante (leudante)

10 ml/2 cucharaditas de jengibre molido

10 ml/2 cucharaditas de café instantáneo granulado

100ml/4oz/½ taza de agua caliente

100g/4oz/½ taza de mantequilla o margarina

75 g/3 oz/¼ taza de jarabe de maíz dorado (ligero)

50 g/2 oz/¼ taza de azúcar moreno blando

2 huevos batidos

Mezclar la harina y el jengibre. Disolver el café en agua caliente. Derrita la margarina, el almíbar y el azúcar, luego mezcle con los ingredientes secos. Agregue el café y los huevos. Vierta en un molde desmontable de 20 cm/8 engrasado y forrado (bandeja) y hornee en un horno precalentado a 180 °C/350 °F/nivel de gas 4 durante 40-45 minutos, hasta que esté bien levantado y elástico al tacto.

Pastel con crema de jengibre

Para un pastel de 20 cm/8 pulgadas

175 g/6 oz/¾ taza de mantequilla o margarina, blanda

150g/5oz/2/3 taza de azúcar morena suave

3 huevos, ligeramente batidos

175 g/6 oz/1½ taza de harina leudante

15 ml/1 cucharada de jengibre molido Para el relleno:

150 ml/¼ pt/2/3 taza de crema doble (pesada)

15 ml/1 cucharada de azúcar glas (dulce), tamizada

5 ml/1 cucharadita de jengibre molido

Bate la mantequilla o la margarina con el azúcar hasta que quede suave y esponjosa. Agregue gradualmente los huevos, luego la harina y el jengibre y mezcle bien. Con una cuchara, coloque en dos moldes para sándwich (bandejas) de 20 cm/8 engrasados y forrados y hornee en un horno precalentado a 180 °C/350 °F/nivel de gas 4 durante 25 minutos hasta que se infle y esté elástico al tacto. Dejar enfriar.

Batir la crema con azúcar y jengibre hasta que esté firme, luego doblar las galletas.

Pastel de jengibre de Liverpool

Para un pastel de 20 cm/8 pulgadas

100g/4oz/½ taza de mantequilla o margarina

100g/4oz/½ taza de azúcar demerara

30 ml/2 cucharadas de jarabe de maíz dorado (ligero)

225 g/8 oz/2 tazas de harina normal (para todo uso)

2,5 ml/½ cucharadita de bicarbonato de sodio (bicarbonato de sodio)

10 ml/2 cucharaditas de jengibre molido

2 huevos batidos

225g/8oz/11/3 tazas sultanas (pasas doradas)

50 g/2 oz/½ taza de jengibre cristalizado (confitado), picado

Derrita la mantequilla o la margarina con el azúcar y el almíbar a fuego lento. Retire del fuego y mezcle los ingredientes secos y el huevo y mezcle bien. Agrega las sultanas y el jengibre. Vierta en un molde para pastel cuadrado de 20 cm/8 engrasado y forrado y hornee en un horno precalentado a 150 °C/300 °F/nivel de gas 3 durante 1½ horas hasta que esté flexible al tacto. La masa puede hundirse un poco en el medio. Dejar enfriar en el molde.

pan de jengibre de avena

Para un pastel de 35 x 23 cm/14 x 9 pulgadas

225 g/8 oz/2 tazas de harina integral (entera)

75g/3oz/¾ taza de avena

5 ml/1 cucharadita de bicarbonato de sodio

5 ml/1 cucharadita de crema tártara

15 ml/1 cucharada de jengibre molido

225g/8oz/1 taza de mantequilla o margarina

225 g/8 oz/1 taza de azúcar morena blanda

En un tazón, mezcle la harina, la avena, el bicarbonato de sodio, la crema tártara y el jengibre. Frote la mantequilla o la margarina hasta que la mezcla parezca pan rallado. Añade azucar. Presione la mezcla firmemente en un molde para pasteles engrasado de 35 x 23 cm/14 x 9 y hornee en un horno precalentado a 160°C/325°F/Gas Mark 3 durante 30 minutos hasta que se doren. Mientras aún está tibio, córtalo en cubos y ponlo en el molde para que se enfríe por completo.

pan de jengibre naranja

Para un pastel de 23 cm/9 pulgadas

450 g/1 lb/4 tazas de harina normal (para todo uso)

5 ml/1 cucharadita de canela molida

2,5 ml/½ cucharadita de jengibre molido

2,5 ml/½ cucharadita de bicarbonato de sodio (bicarbonato de sodio)

175 g/6 oz/2/3 taza de mantequilla o margarina

175 g/6 oz/2/3 taza (muy fina) de azúcar

75 g / ½ taza de cáscara de naranja helada (confitada), picada

Ralladura rallada y jugo de ½ naranja grande

175 g/6 oz/½ taza de jarabe dorado (maíz claro), tibio

2 huevos, ligeramente batidos

Algo de leche

Mezcle la harina, las especias y el bicarbonato de sodio, luego frote la mantequilla o la margarina hasta que la mezcla parezca pan rallado. Añadir el azúcar, la ralladura y la ralladura de naranja, y hacer un hueco en el centro. Batir el jugo de naranja y el jarabe tibio, luego agregar los huevos hasta obtener una consistencia blanda y espesa, agregando un poco de leche si es necesario. Bate bien, luego coloca con una cuchara en un molde para pastel cuadrado engrasado y hornéalo en un horno precalentado a 160 °C/325 °F/nivel de gas 3 durante 1 hora hasta que esté bien levantado y elástico al tacto.

Pan de jengibre pegajoso

A 25 cm/10 en la masa

275 g/10 oz/2½ tazas de harina (para todo uso)

10 ml/2 cucharaditas de canela molida

5 ml/1 cucharadita de bicarbonato de sodio

100g/4oz/½ taza de mantequilla o margarina

175 g/6 oz/½ taza de jarabe de maíz dorado (ligero)

175g/6oz/½ taza de melaza negra (melaza)

100 g/4 oz/½ taza de azúcar morena suave

2 huevos batidos

150 ml/¼ pt/2/3 taza de agua caliente

Mezcla la harina, la canela y el bicarbonato de sodio. Derrita la mantequilla o la margarina con el almíbar, la melaza y el azúcar y vierta sobre los ingredientes secos. Agregue los huevos y el agua y mezcle bien. Vierta en un molde para pastel cuadrado de 25 cm / 10 engrasado y forrado. Hornee en un horno precalentado a 180°C/350°F/Gas 4 durante 40-45 minutos, hasta que esté bien levantado y elástico al tacto.

Pan De Jengibre Integral

Hace un pastel de 18 cm/7 pulgadas

100 g/4 oz/1 taza de harina normal (para todo uso)

100 g / 1 taza de harina integral (integral)

50 g/2 oz/¼ taza de azúcar moreno blando

50g/2oz/1/3 taza de sultanas (pasas doradas)

10 ml/2 cucharaditas de jengibre molido

5 ml/1 cucharadita de canela molida

5 ml/1 cucharadita de bicarbonato de sodio

Pizca de sal

100g/4oz/½ taza de mantequilla o margarina

30 ml/2 cucharadas de jarabe de maíz dorado (ligero)

30 ml/2 cucharadas de melaza negra (melaza)

1 huevo, ligeramente batido

150 ml/¼ pt/2/3 taza de leche

Mezclar los ingredientes secos. Derretir mantequilla o margarina con almíbar y melaza y mezclar con ingredientes secos con huevo y leche. Coloque con una cuchara en un molde desmontable de 18 cm/7 engrasado y forrado y hornee en el horno precalentado a 160 °C/325 °F/nivel de gas 3 durante 1 hora hasta que esté elástico al tacto.

Tarta de miel y almendras

Para un pastel de 20 cm/8 pulgadas

250 g / 9 oz de zanahorias, ralladas

65 g de almendras finamente picadas

2 huevos

100g/4oz/1/3 taza de miel pura

60 ml/4 cucharadas de aceite

150 ml/¼ pt/2/3 taza de leche

100 g / 1 taza de harina integral (integral)

25 g/1 oz/¼ taza de harina normal (para todo uso)

10 ml/2 cucharaditas de canela molida

2,5 ml/½ cucharadita de bicarbonato de sodio (bicarbonato de sodio)

Pizca de sal

glaseado de limón

Unas hojuelas de almendras (picadas) para decorar

Mezcla zanahorias y nueces. Bate los huevos en un recipiente aparte, luego mézclalos con miel, aceite y leche. Agregue las zanahorias y las nueces, luego agregue los ingredientes secos. Vierta en un molde desmontable de 20 cm/8 engrasado y forrado (bandeja) y hornee en un horno precalentado a 150 °C/300 °F/Gas 2 durante 1-1¼ horas hasta que suba y esté elástico al tacto. Dejar enfriar en el molde antes de desechar. Rocíe con glaseado de limón, luego decore con hojuelas de almendra.

Pastel de limón

Hace un pastel de 18 cm/7 pulgadas

100 g/4 oz/½ taza de mantequilla o margarina, blanda

100 g / 4 oz / ½ taza de azúcar en polvo

2 huevos

100 g/4 oz/1 taza de harina normal (para todo uso)

50g/2oz/½ taza de arroz molido

2,5 ml/½ cucharadita de polvo de hornear

Ralladura rallada y jugo de 1 limón

100 g/4 oz/2/3 taza de azúcar en polvo (de repostería), tamizada

Bate la mantequilla o la margarina con el azúcar hasta que quede suave y esponjosa. Agregue los huevos uno a la vez, batiendo bien después de cada adición. Mezclar la harina, el arroz molido, el polvo para hornear y la ralladura de limón, luego agregar a la mezcla. Coloque con una cuchara en un molde desmontable cuadrado de 18 cm/7, engrasado y forrado, y hornee en el horno precalentado a 180 °C/350 °F/nivel de gas 4 durante 1 hora hasta que esté elástico al tacto. Retirar del molde y dejar enfriar.

Mezcla el azúcar glass con un poco de jugo de limón hasta obtener una consistencia uniforme. Vierta sobre el pastel y deje que se enfríe.

Anillo de té helado

Sirviendo 4-6

150 ml/¼ pt/2/3 taza de leche tibia

2,5 ml/½ cucharadita de levadura seca

25 g/1 oz/2 cucharadas de azúcar fina (muy fina)

25 g/2 cucharadas de mantequilla o margarina

225 g/8 oz/2 tazas de harina de trigo fuerte (pan)

1 huevo batido Para el relleno:

50 g/2 oz/¼ taza de mantequilla o margarina, blanda

50g/2oz/¼ taza de almendras molidas

50 g/2 oz/¼ taza de azúcar moreno blando

Para la cobertura:
100 g/4 oz/2/3 taza de azúcar en polvo (de repostería), tamizada

15 ml/1 cucharada de agua tibia

30 ml/2 cucharadas de almendras laminadas (picadas)

Vierta la leche sobre la levadura y el azúcar y mezcle. Dejar en un lugar cálido hasta que esté espumoso. Frote la mantequilla o la margarina en la harina. Mezclar la mezcla de levadura y el huevo y batir bien. Cubrir el recipiente con film transparente (papel aluminio) engrasado y dejar reposar en un lugar cálido durante 1 hora. Vuelva a amasar, luego forme un rectángulo que mida aproximadamente 30 x 23 cm/12 x 9 pulgadas. Untar la masa con mantequilla o margarina para el relleno y espolvorear con almendras molidas y azúcar. Enrolle en una salchicha larga y forme un anillo, sellando los bordes con un poco de agua. Corte dos tercios de la longitud del panecillo en incrementos de aproximadamente 3 cm/1½ y colóquelo en una bandeja para hornear (galletas) engrasada. Dejar en un lugar cálido durante 20 minutos. Hornee en un horno precalentado a 200°C/425°F/Gas 7 durante 15 minutos.

Mientras tanto, mezcle el azúcar en polvo y el agua para hacer el glaseado. Cuando esté frío, pincelamos el bizcocho y decoramos con lascas de almendra.

pastel de manteca

Para un pastel de 23 x 18 cm/9 x 7 pulgadas

15 g de levadura fresca o 20 ml/4 cucharaditas de levadura seca

5 ml/1 cucharadita de azúcar fina

300 ml/½ pinta/1¼ taza de agua tibia

150 g/5 oz/2/3 taza de manteca (manteca vegetal)

450 g/1 lb/4 tazas de harina fuerte (de pan)

Pizca de sal

100g/4oz/2/3 taza de sultanas (pasas doradas)

100g/4oz/2/3 taza de miel pura

Mezclar la levadura con el azúcar y un poco de agua tibia y reservar en un lugar cálido durante 20 minutos hasta que esté espumoso.

Frote 25 g/1 oz/2 cucharadas de manteca de cerdo en la harina y la sal y haga un hueco en el centro. Vierta la mezcla de levadura y el agua tibia restante y mezcle hasta que esté firme. Amasar hasta que quede suave y elástico. Colocar en un bol aceitado, cubrir con film transparente engrasado (papel aluminio) y dejar reposar en un lugar cálido durante aproximadamente 1 hora hasta que doble su tamaño.

Cortar la manteca restante en cubos. Vuelva a amasar la masa, luego extiéndala en un rectángulo de unos 35 x 23 cm/14 x 9 pulgadas. Cubra los dos tercios superiores de la masa con un tercio de manteca de cerdo, un tercio de sultanas y un cuarto de miel. Dobla un tercio suave de la masa sobre el relleno, luego dobla el tercio superior hacia abajo. Presione los bordes para sellar, luego gire la masa un cuarto de vuelta para que el doblez quede del lado izquierdo. Extienda y repita el proceso dos veces más para usar toda la manteca de cerdo y las sultanas. Colocar en una bandeja para hornear engrasada (galletas) y marcar una cruz encima con un cuchillo. Cubra y deje reposar en un lugar cálido durante 40 minutos.

Hornee en un horno precalentado a 220°C/425°F/Gas 7 durante 40 minutos. Rocíe la miel restante encima, luego deje enfriar.

Pastel de alcaravea con manteca

Para un pastel de 23 x 18 cm/9 x 7 pulgadas

450 g/lb Masa de pan blanca básica

175 g / 6 oz / ¾ taza de manteca de cerdo (molida), cortada en trozos

175 g/6 oz/¾ taza (muy fina) de azúcar

15 ml/1 cucharada de comino

Prepare la masa, luego extiéndala sobre una superficie ligeramente enharinada en un rectángulo de unos 35 x 23 cm/14 x 9 pulgadas. Cubra los dos tercios superiores de la masa con la mitad de la manteca de cerdo y la mitad del azúcar, luego enrolle el tercio liso de la masa y doble el tercio superior hacia abajo. Girar la masa un cuarto de vuelta para que el pliegue quede a la izquierda, luego estirar de nuevo y espolvorear de la misma manera con la manteca restante y el azúcar y las semillas de alcaravea. Vuelva a doblar, luego déle forma para que se ajuste a la bandeja para hornear (bandeja) y corte la parte superior en forma de diamante. Cubra con film transparente (papel aluminio) engrasado y déjelo en un lugar cálido durante unos 30 minutos hasta que doble su tamaño.

Hornee en un horno precalentado a 200°C/400°F/Gas 6 durante 1 hora. Deje que se enfríe en el molde durante 15 minutos para permitir que la grasa penetre en el pastel, luego colóquelo en la rejilla para que se enfríe por completo.

Pastel marmoleado

Para un pastel de 20 cm/8 pulgadas

175 g/6 oz/¾ taza de mantequilla o margarina, blanda

175 g/6 oz/¾ taza (muy fina) de azúcar

3 huevos, ligeramente batidos

225 g/8 oz/2 tazas de harina leudante (autoleudante)

Unas gotas de esencia de almendras (extracto)

Unas gotas de colorante alimentario verde.

Unas gotas de colorante alimentario rojo.

Bate la mantequilla o la margarina con el azúcar hasta que quede suave y esponjosa. Poco a poco batir los huevos, luego agregar la harina. Divide la mezcla en tres. Agregue esencia de almendras a un tercio, colorante alimentario verde a un tercio y colorante alimentario rojo al tercio restante. Vierta cucharadas colmadas de las tres mezclas alternativamente en un molde para pastel de 20 cm / 8 engrasado y forrado y hornee en un horno precalentado a 180 ° C / 350 ° F / marca de gas 4 durante 45 minutos hasta que esté bien levantado y elástico al tacto.

Pastel de capas de Lincolnshire

Para un pastel de 20 cm/8 pulgadas

175 g/6 oz/¾ taza de mantequilla o margarina

350 g/12 oz/3 tazas de harina (para todo uso)

Pizca de sal

150 ml/¼ pt/2/3 taza de leche

15 ml/1 cucharada de levadura seca Para el relleno:

225g/8oz/11/3 tazas sultanas (pasas doradas)

225 g/8 oz/1 taza de azúcar morena blanda

25 g/2 cucharadas de mantequilla o margarina

2,5 ml/½ cucharadita de pimienta de Jamaica molida

1 huevo, separado

Frote la mitad de la mantequilla o margarina en la harina y la sal hasta que la mezcla parezca pan rallado. Caliente la mantequilla o margarina restante con la leche hasta que se caliente en sus manos, luego mezcle un poco hasta formar una pasta con la levadura. Mezclar la mezcla de levadura y la leche restante y la mantequilla con la harina y amasar una masa suave. Colocar en un bol aceitado, tapar y reservar en un lugar cálido durante aproximadamente 1 hora hasta que doble su tamaño. Mientras tanto, coloca todos los ingredientes del relleno excepto la clara de huevo en una sartén a fuego lento y deja que se derrita.

Estirar un cuarto de la masa 20 cm/8 en un círculo y extender sobre un tercio del relleno. Repita con las cantidades restantes de masa y relleno, cubra con un disco de masa. Cepille los bordes con clara de huevo y selle. Hornee en un horno precalentado a 190°C/375°F/Gas 5 durante 20 minutos. Cepille la parte superior con clara de huevo, luego coloque en el horno por otros 30 minutos o hasta que estén doradas.

una barra de pastel

Para una torta de 900g/2lb

175 g/6 oz/¾ taza de mantequilla o margarina, blanda

275g/10oz/1¼ tazas de azúcar fina

Ralladura rallada y jugo de ½ limón

120ml/4oz/½ taza de leche

275 g/10 oz/2¼ tazas de harina leudante (autoleudante)

5 ml/1 cucharadita de sal

5 ml/1 cucharadita de polvo de hornear

3 huevos

Azúcar en polvo (de repostería), tamizada, para espolvorear

Bate la mantequilla o margarina, el azúcar y la ralladura de limón hasta que quede suave y esponjoso. Agregue el jugo de limón y la leche, luego mezcle la harina, la sal y el polvo de hornear y mezcle hasta que quede suave. Poco a poco agregue los huevos, batiendo bien después de cada adición. Vierta la mezcla en un molde para pan (cacerola) engrasado y forrado de 900 g/2 lb y hornee en el horno precalentado a 150 °F/300 °F/Gas 2 durante 1¼ horas hasta que esté flexible al tacto. Dejar enfriar en el molde durante 10 minutos antes de servir para completar el enfriamiento en la rejilla. Servir espolvoreado con azúcar glass.

Pastel de mermelada

Hace un pastel de 18 cm/7 pulgadas

175 g/6 oz/¾ taza de mantequilla o margarina, blanda

175 g/6 oz/¾ taza (muy fina) de azúcar

3 huevos, separados

300 g/10 oz/2½ tazas de harina leudante

45 ml/3 cucharadas de mermelada espesa

50 g/2 oz/1/3 taza de cáscara picada mixta (confitada)

ralladura de 1 naranja

45 ml/3 cucharadas de agua

Para la guinda (glaseado):
100 g/4 oz/2/3 taza de azúcar en polvo (de repostería), tamizada

jugo de 1 naranja

Unas rodajas de naranja confitada (confitada)

Bate la mantequilla o la margarina con el azúcar hasta que quede suave y esponjosa. Batir poco a poco las yemas de huevo, luego 15 ml/1 cucharada de harina. Agregue la mermelada, la ralladura mixta, la ralladura de naranja y el agua, luego agregue la harina restante. Bate las claras de huevo a punto de nieve, luego incorpóralas a la masa con una cuchara de metal. Coloque con una cuchara en un molde desmontable de 18 cm/7 engrasado y forrado y hornee en el horno precalentado a 180 °C/350 °F/nivel de gas 4 durante 1¼ horas hasta que suba y esté elástico al tacto. Deje enfriar en el molde durante 5 minutos, luego coloque sobre la rejilla para terminar de enfriar.

Para hacer el glaseado, coloca el azúcar glass en un bol y haz un hueco en el centro. Agregue gradualmente suficiente jugo de naranja para obtener una consistencia untable. Vierta una cucharada sobre el pastel y en los lados y reserve para que se asiente. Decorar con rodajas de naranja confitada.

Pastel de semilla de amapola

Para un pastel de 20 cm/8 pulgadas

250ml/8oz/1 taza de leche

100g/4oz/1 taza de semillas de amapola

225 g/8 oz/1 taza de mantequilla o margarina, blanda

225 g/8 oz/1 taza de azúcar morena blanda

3 huevos, separados

100 g/4 oz/1 taza de harina normal (para todo uso)

100 g / 1 taza de harina integral (integral)

5 ml/1 cucharadita de polvo de hornear

En una cacerola pequeña con semillas de amapola, hierva la leche, retírela del fuego, cubra y deje reposar durante 30 minutos. Bate la mantequilla o la margarina con el azúcar hasta que quede pálido y esponjoso. Batir poco a poco las yemas, luego agregar la harina y el polvo de hornear. Agregue las semillas de amapola y la leche. Bate las claras de huevo a punto de nieve, luego incorpóralas a la masa con una cuchara de metal. Vierta en un molde desmontable de 20 cm / 8 engrasado y forrado y hornee en el horno precalentado a 180 ° C / 350 ° F / marca de gas 4 durante 1 hora, hasta que un palillo insertado en el centro salga limpio. Dejar enfriar en el molde durante 10 minutos antes de servir para completar el enfriamiento en la rejilla.

Tarta de yogur natural

Para un pastel de 23 cm/9 pulgadas

150 g / 5 oz de yogur natural

150 ml/¼ pt/2/3 taza de aceite

225 g/8 oz/1 taza de azúcar fina

225 g/8 oz/2 tazas de harina leudante (autoleudante)

10 ml/2 cucharaditas de polvo de hornear

2 huevos batidos

Mezcle todos los ingredientes hasta que quede suave, luego vierta en un molde para pasteles engrasado y forrado de 23 cm/9. Hornee en un horno precalentado a 160 °C/325 °F/nivel de gas 3 durante 1¼ horas hasta que esté elástico al tacto. Dejar enfriar en el molde.

Tarta de Ciruelas y Natillas

Para un pastel de 23 cm/9 pulgadas

Para el llenado:

150 g/5 oz/2/3 taza de ciruelas pasas sin hueso (sin hueso), picadas en trozos grandes

120ml/4oz/½ taza de jugo de naranja

50 g/2 oz/¼ taza de azúcar en polvo

30 ml/2 cucharadas de harina de maíz (harina de maíz)

175ml/6oz/¾ taza de leche

2 yemas

ralladura finamente rallada de 1 naranja

En el pastel:

175 g/6 oz/¾ taza de mantequilla o margarina, blanda

225 g/8 oz/1 taza de azúcar fina

3 huevos, ligeramente batidos

200 g/7 oz/1¾ taza de harina (para todo uso)

10 ml/2 cucharaditas de polvo de hornear

2,5 ml/½ cucharadita de nuez moscada rallada

75 ml/5 cucharadas de jugo de naranja

> Primero, prepara el relleno. Remoje las ciruelas pasas en el jugo de naranja durante al menos dos horas.

Mezcle el azúcar y la harina de maíz en una pasta con un poco de leche. Hervir la leche restante en una cacerola. Vierta el azúcar y la harina de maíz y mezcle bien, luego regrese a la sartén enjuagada y bata las yemas de huevo. Agrega la ralladura de naranja y revuelve a fuego muy bajo hasta que espese, pero no dejes que la crema hierva. Coloque la sartén en un recipiente con agua fría y revuelva el budín de vez en cuando mientras se enfría.

Para hacer la masa, bata la mantequilla o la margarina con el azúcar hasta que quede suave y esponjosa. Poco a poco batir los huevos, luego agregar la harina, el polvo de hornear y la nuez moscada con jugo de naranja alternativamente. Vierta la mitad de la masa en un molde desmontable cuadrado de 23 cm/9 engrasado (sartén), luego extienda el budín encima, dejando un espacio alrededor del borde. Cubra con la crema de ciruelas y el jugo empapado, luego cubra con la mezcla de pastel restante, asegurándose de que el pastel esté sellado en el relleno por los lados y que el relleno esté completamente cubierto. Hornea en horno precalentado a 200°C/400°F/Gas 6 durante 35 minutos, hasta que estén doradas y desaparezcan de las paredes del molde. Dejar enfriar en el molde antes de desechar.

Tarta de frambuesa con glaseado de chocolate

Para un pastel de 20 cm/8 pulgadas

175 g/6 oz/¾ taza de mantequilla o margarina, blanda

175 g/6 oz/¾ taza (muy fina) de azúcar

3 huevos, ligeramente batidos

225 g/8 oz/2 tazas de harina leudante (autoleudante)

100 g de frambuesas Para cubrir y decorar:

Chocolate blanco y mantequilla en polvo

100 g/4 oz/1 taza de chocolate normal (semidulce)

Bate la mantequilla o la margarina con el azúcar hasta que quede suave y esponjosa. Poco a poco batir los huevos, luego agregar la harina. Licuar las frambuesas, luego frotar a través de un colador para quitar las semillas. Revuelva el puré en la masa para que fluya a través de la masa y no se mezcle. Coloque con una cuchara en un molde desmontable de 20 cm/8 engrasado y forrado y hornee en el horno precalentado a 180 °C/350 °F/nivel de gas 4 durante 45 minutos, hasta que esté bien levantado y elástico al tacto. Transfiera a una rejilla para enfriar.

Pintar la masa con mantequilla y triturar con un tenedor. Derrita el chocolate en un recipiente resistente al calor colocado sobre una cacerola con agua hirviendo a fuego lento. Extender en una bandeja para hornear (galletas) y dejar que casi se solidifique. Raspe la superficie plana con un cuchillo afilado sobre el chocolate para hacer rizos. Úsalo para decorar la parte superior del pastel.

Pastel de arena

Para un pastel de 20 cm/8 pulgadas

75 g/1/3 taza de mantequilla o margarina, blanda

75g/3oz/1/3 taza (muy fina) de azúcar

2 huevos, ligeramente batidos

100 g / 4 oz / 1 taza de harina de maíz (harina de maíz)

25 g/1 oz/¼ taza de harina normal (para todo uso)

5 ml/1 cucharadita de polvo de hornear

50 g / 2 oz / ½ taza de nueces mixtas picadas

Bate la mantequilla o la margarina con el azúcar hasta que quede suave y esponjosa. Bate los huevos poco a poco, luego agrega la harina de maíz, la harina y el polvo de hornear. Vierta la mezcla en un molde desmontable cuadrado de 20 cm/8 pulgadas engrasado (sartén) y espolvoree con nueces picadas. Hornee en un horno precalentado a 180°C/350°F/Gas 4 durante 1 hora, hasta que esté elástico al tacto.

Pastel de cereales

Hace un pastel de 18 cm/7 pulgadas

100 g/4 oz/½ taza de mantequilla o margarina, blanda

100 g / 4 oz / ½ taza de azúcar en polvo

2 huevos, ligeramente batidos

225 g/8 oz/2 tazas de harina normal (para todo uso)

25g/1oz/¼ taza de comino

5 ml/1 cucharadita de polvo de hornear

Pizca de sal

45 ml/3 cucharadas de leche

Bate la mantequilla o la margarina con el azúcar hasta que quede suave y esponjosa. Batir los huevos poco a poco, agregar la harina, el comino, el polvo para hornear y la sal. Mezcle suficiente leche para obtener la consistencia de gotas. Vierta en un molde para pasteles de 18 cm / 7 engrasado y forrado y hornee en un horno precalentado a 200 ° C / 400 ° F / Gas 6 durante 1 hora hasta que esté elástico al tacto y comience a encogerse en los lados del molde.

Pastel de anillo especiado

Hace un anillo de 23 cm/9 pulgadas

1 manzana, pelada, sin corazón y rallada

30 ml/2 cucharadas de jugo de limón

25 g/8 oz/1 taza de azúcar morena suave

5 ml/1 cucharadita de jengibre molido

5 ml/1 cucharadita de canela molida

2,5 ml/½ cucharadita de mezcla de especias molidas (pastel de manzana)

225 g/8 oz/2/3 taza de jarabe de maíz dorado (ligero)

250 ml/8 oz/1 taza de aceite

10 ml/2 cucharaditas de polvo de hornear

400 g/14 oz/3½ tazas de harina (para todo uso)

10 ml/2 cucharaditas de bicarbonato de sodio

250 ml/8 fl oz/1 taza de té fuerte caliente

1 huevo batido

Azúcar en polvo (de repostería), tamizada, para espolvorear

Mezcla jugo de manzana y limón. Agregue el azúcar y las especias, luego el almíbar y el aceite. Agregue polvo de hornear a la harina y bicarbonato de sodio al té caliente. Revuelva alternativamente con la mezcla, luego agregue el huevo. Coloque una cucharada en un molde para pasteles de 23 cm/9 de profundidad engrasado y forrado y hornee en un horno precalentado a 180 °C/350 °F/nivel de gas 4 durante 1 hora hasta que esté elástico al tacto. Dejar enfriar en el molde durante 10 minutos, luego colocar sobre la rejilla para que se enfríe por completo. Servir espolvoreado con azúcar glass.

Pastel de capas picante

Para un pastel de 23 cm/9 pulgadas

100 g/4 oz/½ taza de mantequilla o margarina, blanda

100 g/4 oz/½ taza de azúcar en polvo

100 g/4 oz/½ taza de azúcar morena suave

2 huevos batidos

175 g/6 oz/1½ taza de harina normal (para todo uso)

5 ml/1 cucharadita de polvo de hornear

5 ml/1 cucharadita de canela molida

2,5 ml/½ cucharadita de bicarbonato de sodio (bicarbonato de sodio)

2,5 ml/½ cucharadita de mezcla de especias molidas (pastel de manzana)

Pizca de sal

200 ml/7 fl oz/pequeño 1 taza de leche condensada enlatada

Crema con mantequilla de limón

Batir la mantequilla o la margarina y los azúcares hasta que estén suaves y esponjosos. Bata los huevos poco a poco, luego agregue los ingredientes secos y la leche evaporada y mezcle hasta que quede suave. Con una cuchara, repartir en dos moldes para pasteles de 23 cm/9 engrasados y forrados y hornear en horno precalentado a 180 °C/350 °F/nivel de gas 4 durante 30 minutos hasta que estén elásticos al tacto. Deje que se enfríe, luego mezcle el sándwich con la cobertura de mantequilla de limón.

Pastel de azúcar y canela

Para un pastel de 23 cm/9 pulgadas

175 g/6 oz/1½ taza de harina leudante

10 ml/2 cucharaditas de polvo de hornear

Pizca de sal

175 g/6 oz/¾ taza (muy fina) de azúcar

50g/2oz/¼ taza de mantequilla o margarina derretida

1 huevo, ligeramente batido

120ml/4oz/½ taza de leche

2,5 ml/½ cucharadita de esencia de vainilla (extracto)

Para la cobertura:
50g/2oz/¼ taza de mantequilla o margarina derretida

50 g/2 oz/¼ taza de azúcar moreno blando

2,5 ml/½ cucharadita de canela molida

Bate todos los ingredientes de la masa hasta que estén suaves y bien mezclados. Con una cuchara, vierta en un molde para pastel (bandeja) engrasado de 23 cm/9 pulgadas y hornee en un horno precalentado a 180 °C/350 °F/nivel de gas 4 durante 25 minutos hasta que se doren. Engrasar la masa caliente con mantequilla. Mezclar el azúcar y la canela y espolvorear por encima. Metemos la tarta en el horno durante otros 5 minutos.

Pastel de té victoriano

Para un pastel de 20 cm/8 pulgadas

225 g/8 oz/1 taza de mantequilla o margarina, blanda

225 g/8 oz/1 taza de azúcar fina

225 g/8 oz/2 tazas de harina leudante (autoleudante)

25 g / 1 oz / ¼ taza de harina de maíz (cornmeal)

30 ml/2 cucharadas de comino

5 huevos, separados

Azúcar granulada para espolvorear

Bate la mantequilla o la margarina con el azúcar hasta que quede pálida y esponjosa. Agregue la harina, la harina de maíz y el comino. Bate las yemas, luego mézclalas con la mezcla. Bate las claras de huevo a punto de nieve, luego agrégalas suavemente a la mezcla con una cuchara de metal. Poner una cucharada en un molde desmontable (sartén) de 20 cm/8 engrasado y forrado y espolvorear con azúcar. Hornee en un horno precalentado a 180°C/350°F/nivel de gas 4 durante 1½ horas, hasta que estén doradas y comiencen a encogerse por los lados de la fuente.

Pastel de frutas todo en uno

Para un pastel de 20 cm/8 pulgadas

175 g/6 oz/¾ taza de mantequilla o margarina, blanda

175 g/6 oz/¾ taza de azúcar morena suave

3 huevos

15 ml/1 cucharada de jarabe de maíz dorado (light)

100 g de cerezas heladas (confitadas)

100g/4oz/2/3 taza de sultanas (pasas doradas)

100g/4oz/2/3 taza de pasas

225 g/8 oz/2 tazas de harina leudante (autoleudante)

10 ml/2 cucharaditas de mezcla de especias molidas (tarta de manzana)

Coloque todos los ingredientes en un tazón y mezcle hasta que estén bien combinados, o mezcle en un procesador de alimentos. Vierta en un molde desmontable de 20 cm / 8 engrasado y forrado (bandeja) y hornee en el horno precalentado a 160 ° C / 325 ° F / marca de gas 3 durante 1½ horas hasta que un palillo insertado en el centro salga limpio. Dejar en el molde durante 5 minutos, luego colocar sobre la rejilla para que se enfríe por completo.

Pastel de frutas todo en uno

Para un pastel de 20 cm/8 pulgadas

350 g/12 oz/2 tazas de mezclas de frutas secas (mezcla para pastel de frutas)

100g/4oz/½ taza de mantequilla o margarina

100 g/4 oz/½ taza de azúcar morena suave

150 ml/¼ pt/2/3 tazas de agua

2 huevos grandes, batidos

225 g/8 oz/2 tazas de harina leudante (autoleudante)

5 ml/1 cucharadita de mezcla de especias molidas (tarta de manzana)

Ponga la fruta, la mantequilla o margarina, el azúcar y el agua en una cacerola, hierva y cocine a fuego lento durante 15 minutos. Dejar enfriar. Agregue las cucharadas de huevos alternativamente con la mezcla de harina y especias y mezcle bien. Coloque con una cuchara en un molde desmontable (bandeja) de 20 cm/8" engrasado y hornee en un horno precalentado a 140 °C/275 °F/nivel de gas 1 durante 1-1½ horas hasta que la brocheta centrada salga limpia.

pastel de frutas australiano

Para una torta de 900g/2lb

100g/4oz/½ taza de mantequilla o margarina

225 g/8 oz/1 taza de azúcar morena blanda

250ml/8oz/1 taza de agua

350 g/12 oz/2 tazas de mezclas de frutas secas (mezcla para pastel de frutas)

5 ml/1 cucharadita de bicarbonato de sodio

10 ml/2 cucharaditas de mezcla de especias molidas (tarta de manzana)

5 ml/1 cucharadita de jengibre molido

100 g/4 oz/1 taza de harina leudante (autoleudante)

100 g/4 oz/1 taza de harina normal (para todo uso)

1 huevo batido

Hervir todos los ingredientes excepto la harina y el huevo en una sartén. Retirar del fuego y dejar enfriar. Agregue la harina y el huevo. Coloque la mezcla en un molde para pan de 900 g / 2 lb engrasado y forrado y hornee en un horno precalentado a 160 ° C / 325 ° F / marca de gas 3 durante 1 hora hasta que suba bien y aparezca en el centro de la brocheta. limpio.

pastel rico americano

A 25 cm/10 en la masa

225g/8oz/1 1/3 tazas de grosellas

100 g / 1 taza de almendras blanqueadas

15 ml/1 cucharada de agua de azahar

45 ml/3 cucharadas de jerez seco

1 yema grande

2 huevos

350 g/12 oz/1½ taza de mantequilla o margarina, blanda

175 g/6 oz/¾ taza (muy fina) de azúcar

Una pizca de maza de tierra

Una pizca de canela molida

Una pizca de clavo molido

Una pizca de jengibre molido

Una pizca de nuez moscada rallada

30 ml/2 cucharadas de brandy

225 g/8 oz/2 tazas de harina normal (para todo uso)

50 g/2 oz/½ taza de cáscara picada mixta (confitada)

Remoje las grosellas en agua caliente durante 15 minutos, luego escúrralas bien. Moler las almendras con agua de azahar y 15 ml/1 cucharada de jerez hasta que estén finas. Batir la yema y los huevos. Batir la mantequilla o la margarina con el azúcar, luego incorporar la mezcla de almendras y huevo y batir hasta que quede blanca y espesa. Añadir las especias, el resto del jerez y el brandy. Agregue la harina, luego agregue las grosellas y la ralladura mezclada. Vierta en un molde desmontable de 25 cm/10" engrasado y hornee en un horno precalentado a 180

°C/350 °F/Gas 4 durante aproximadamente 1 hora, hasta que al insertar un palillo en el centro, éste salga limpio.

Pastel de frutas de algarroba

Hace un pastel de 18 cm/7 pulgadas

450 g/lb/22/3 tazas de pasas

300 ml/½ pt/1¼ taza de jugo de naranja

175 g/6 oz/¾ taza de mantequilla o margarina, blanda

3 huevos, ligeramente batidos

225 g/8 oz/2 tazas de harina normal (para todo uso)

75g/3oz/¾ taza de algarrobo en polvo

10 ml/2 cucharaditas de polvo de hornear

ralladura de 2 naranjas

50g/2oz/½ taza de nueces picadas

Remoje las pasas en jugo de naranja durante la noche. Mezcle la mantequilla o margarina y los huevos hasta que quede suave. Agrega poco a poco las pasas y el jugo de naranja y el resto de los ingredientes. Con una cuchara, coloque en un molde para pasteles de 18 cm/7 pulgadas engrasado y forrado y hornee en un horno precalentado a 180 °C/350 °F/nivel de gas 4 durante 30 minutos, luego reduzca la temperatura del horno a 160 °C/325 °F/ marca de gas 3 por otras 1¼ horas hasta que un palillo insertado en el centro salga limpio. Dejar enfriar en el molde durante 10 minutos, luego colocar sobre la rejilla para que se enfríe por completo.

Pastel de café con frutas

A 25 cm/10 en la masa

450 g/1 libra/2 tazas de azúcar en polvo

450 g/2 tazas de dátiles deshuesados (sin semillas), picados

450 g/lb/22/3 tazas de pasas

450 g/lb/22/3 tazas sultanas (pasas doradas)

100 g de cerezas heladas (confitadas), picadas

100 g / 4 oz / 1 taza de nueces mixtas picadas

450 ml/¾pt/2 tazas de café negro fuerte

120ml/4oz/½ taza de aceite

100 g/4 oz/1/3 taza de jarabe de maíz dorado (ligero)

10 ml/2 cucharaditas de canela molida

5 ml/1 cucharadita de nuez moscada rallada

Pizca de sal

10 ml/2 cucharaditas de bicarbonato de sodio

15 ml/1 cucharada de agua

2 huevos, ligeramente batidos

450 g/1 lb/4 tazas de harina normal (para todo uso)

120ml/4oz/½ taza de jerez o brandy

En una cacerola de fondo grueso, hierva todos los ingredientes excepto el bicarbonato de sodio, el agua, los huevos, la harina y el jerez o el brandy. Cocine durante 5 minutos, revolviendo constantemente, luego retire del fuego y deje enfriar.

Mezcle bicarbonato de sodio con agua y agréguelo a la mezcla de frutas con huevos y harina. Vierta en un molde desmontable (bandeja) engrasado y forrado de 25 cm/10 y ate una capa doble de papel para hornear (encerado) en el exterior para que sobresalga de la parte superior de la bandeja. Hornee en un horno precalentado a 160°C/325°F/Gas 3 durante 1 hora. Reduzca la temperatura del horno a 150°C/300°F/Gas 2 y hornee por otra hora. Reduzca la temperatura del horno a 140°C/275°F/nivel de gas 1 y hornee por una tercera hora. Reduzca la temperatura del horno a 120 °C/250 °F/1/2 marca de gas nuevamente y hornee durante la última hora, cubriendo la parte superior del pastel con papel de hornear (encerado) si comienza a dorarse demasiado. Cuando esté cocido, un palillo insertado en el centro saldrá limpio y la masa comenzará a encogerse por los lados de la sartén.

Pastelería pesada de Cornualles

Para una torta de 900g/2lb

350 g/12 oz/3 tazas de harina (para todo uso)

2,5 ml/½ cucharadita de sal

175 g / 6 oz / ¾ taza de manteca (manteca vegetal)

75g/3oz/1/3 taza (muy fina) de azúcar

175g/6oz/1 taza de grosellas

Un poco de ralladura mezclada (confitada) picada (opcional)

Aproximadamente 150 ml/¼ pt/2/3 tazas de leche mezclada y agua

1 huevo batido

Ponga la harina y la sal en un bol, luego frote la manteca de cerdo hasta que la mezcla parezca pan rallado. Agrega el resto de los ingredientes secos. Agregue gradualmente suficiente leche y agua para que la masa se endurezca. No tomará mucho. Estirar sobre una bandeja para hornear engrasada (galletas) hasta aproximadamente 1 cm/½ de grosor. Glasear con huevo batido. Dibuja una cruz en la parte superior con la punta del cuchillo. Hornee en un horno precalentado a 160°C/325°F/Gas 3 durante unos 20 minutos hasta que estén doradas. Dejar enfriar y luego cortar en cuadrados.

pastel de grosella

Para un pastel de 23 cm/9 pulgadas

225g/8oz/1 taza de mantequilla o margarina

300 g/11 oz/1½ tazas de azúcar fina

Pizca de sal

100ml/3½oz/6½ cucharadas de agua hirviendo

3 huevos

400 g/14 oz/3½ tazas de harina (para todo uso)

175g/6oz/1 taza de grosellas

50 g/2 oz/½ taza de cáscara picada mixta (confitada)

100 ml/3½ oz/6½ cucharadas de agua fría

15 ml/1 cucharada de polvo de hornear

Ponga la mantequilla o margarina, el azúcar y la sal en un recipiente, vierta agua hirviendo y reserve hasta que se ablande. Batir rápidamente hasta que esté suave y cremoso. Agregue gradualmente los huevos, luego mezcle la harina, las grosellas y la ralladura alternativamente con agua fría. Agregue polvo de hornear. Transfiera la masa a un molde para pastel (bandeja) engrasado de 23 cm/9 y hornee en un horno precalentado a 180 °C/350 °F/nivel de gas 4 durante 30 minutos. Reduzca la temperatura del horno a 150 °C/300 °F/nivel de gas 2 y hornee durante 40 minutos más, hasta que al insertar un palillo en el centro, éste salga limpio. Dejar enfriar en el molde durante 10 minutos antes de servir para completar el enfriamiento en la rejilla.

Tarta de frutos negros

A 25 cm/10 en la masa

225 g/8 oz/1 taza de frutas mezcladas picadas glaseadas (confitadas)

350 g/12 oz/2 tazas de dátiles sin hueso (sin hueso), picados

225g/8oz/11/3 tazas de pasas

225 g/8 oz/1 taza de cerezas glaseadas (confitadas), picadas

100 g/4 oz/½ taza de piña helada (confitada), picada

100 g / 4 oz / 1 taza de nueces mixtas picadas

225 g/8 oz/2 tazas de harina normal (para todo uso)

5 ml/1 cucharadita de bicarbonato de sodio

5 ml/1 cucharadita de canela molida

2,5 ml/½ cucharadita de pimienta de Jamaica

1,5 ml/¼ de cucharadita de clavo molido

1,5 ml/¼ de cucharadita de sal

225 g/8 oz/1 taza de manteca de cerdo (manteca)

225 g/8 oz/1 taza de azúcar morena blanda

3 huevos

175g/6oz/½ taza de melaza negra (melaza)

2,5 ml/½ cucharadita de esencia de vainilla (extracto)

120ml/4oz/½ taza de suero de leche

Mezclar frutas y nueces. Mezcle la harina, el bicarbonato de sodio, las especias y la sal y mezcle 50 g/2 oz/½ taza con la fruta. Batir la manteca de cerdo y el azúcar hasta que estén suaves y esponjosos. Poco a poco agregue los huevos, batiendo bien después de cada adición. Agrega la melaza y la esencia de vainilla. Agregue el suero de leche alternando con la harina restante y bata hasta que quede suave. Agrega fruta. Vierta en un molde desmontable de 25 cm/10 engrasado y forrado y hornee en el horno precalentado a 140 °C/275 °F/nivel de gas 1 durante 2½ horas hasta que al insertar un palillo en el centro salga limpio. Dejar enfriar en el molde durante 10 minutos, luego colocar sobre la rejilla para que se enfríe por completo.

Masa cortada y devuelta

Para un pastel de 20 cm/8 pulgadas

275 g/10 oz/12/3 tazas de mezclas de frutas secas (mezcla para pastel de frutas)

100g/4oz/½ taza de mantequilla o margarina

150 ml/¼ pt/2/3 tazas de agua

1 huevo batido

225 g/8 oz/2 tazas de harina normal (para todo uso)

Pizca de sal

100 g / 4 oz / ½ taza de azúcar en polvo

Ponga la fruta, la mantequilla o margarina y el agua en la sartén y cocine por 20 minutos. Dejar enfriar. Agregue el huevo, luego mezcle gradualmente la harina, la sal y el azúcar. Con una cuchara, vierta en un molde desmontable (bandeja) de 20 cm/8 pulgadas de diámetro engrasado y hornee en el horno precalentado a 160 °C/325 °F/nivel de gas 3 durante 1¼ horas hasta que al insertar un palillo en el centro, éste salga limpio.

pastel dundee

Para un pastel de 20 cm/8 pulgadas

225 g/8 oz/1 taza de mantequilla o margarina, blanda

225 g/8 oz/1 taza de azúcar fina

4 huevos grandes

225 g/8 oz/2 tazas de harina normal (para todo uso)

Pizca de sal

350g/12oz/2 tazas de grosellas

350g/12oz/2 tazas sultanas (pasas doradas)

175 g/6 oz/1 taza de cáscara picada mixta (confitada)

100 g/1 taza de cerezas (confitadas), cortadas en cuartos

Ralladura de ½ limón

50 g de almendras enteras, blanqueadas

Batir la mantequilla con el azúcar hasta que esté suave y brillante. Agregue los huevos uno a la vez, batiendo bien entre cada adición. Añadir harina y sal. Mezclar la fruta y la cáscara de limón. Corta la mitad de las almendras y añádelas a la mezcla. Vierta con una cuchara en un molde desmontable de 20 cm/8 engrasado y forrado (sartén) y átelo alrededor del molde con papel de estraza de modo que quede unos 5 cm/2 más alto que el molde. Divide las almendras reservadas y colócalas en círculos concéntricos sobre la masa. Hornea en el horno precalentado a 150°C/300°F/Gas 2 durante 3½ horas, hasta que el centro de la brocheta salga limpio. Verifique después de 2½ horas y si el pastel comienza a dorarse demasiado en la parte superior, cubra con papel de hornear húmedo (encerado) y reduzca la temperatura del horno a 140 ° C / 275 ° F / marca de gas 1 durante la última hora de horneado.

Pastel de frutas sin huevos para la noche

Para un pastel de 20 cm/8 pulgadas

50g/2oz/¼ taza de mantequilla o margarina

225 g/8 oz/2 tazas de harina leudante (autoleudante)

5 ml/1 cucharadita de bicarbonato de sodio

5 ml/1 cucharadita de nuez moscada rallada

5 ml/1 cucharadita de mezcla de especias molidas (tarta de manzana)

Pizca de sal

225g/8oz/11/3 taza de mezclas de frutas secas (mezcla para pastel de frutas)

100 g/4 oz/½ taza de azúcar morena suave

250ml/8oz/1 taza de leche

Frote la mantequilla o la margarina en la harina, el bicarbonato de sodio, las especias y la sal hasta que la mezcla parezca pan rallado. Agregue la fruta y el azúcar, luego agregue la leche hasta que todos los ingredientes estén bien combinados. Cubra y deje toda la noche.

Vierta la mezcla en un molde para pasteles de 20 cm / 8 pulgadas engrasado y forrado y hornee en un horno precalentado a 180 ° C / 350 ° F / marca de gas 4 durante 1¾ horas hasta que un palillo insertado en el centro salga limpio.

Pastel de frutas confiable

Para un pastel de 23 cm/9 pulgadas

225g/8oz/1 taza de mantequilla o margarina

200 g/7 oz/pequeño 1 taza de azúcar fina

175g/6oz/1 taza de grosellas

175g/6oz/1 taza de sultanas (pasas doradas)

50 g/2 oz/½ taza de cáscara picada mixta (confitada)

75 g de dátiles picados sin hueso

5 ml/1 cucharadita de bicarbonato de sodio

200 ml/7 fl oz/pequeño 1 taza de agua

75 g/2 oz/¼ taza de cerezas glaseadas (confitadas), picadas

100 g / 4 oz / 1 taza de nueces mixtas picadas

60 ml/4 cucharadas de brandy o jerez

300 g/11 oz/2¾ tazas de harina (para todo uso)

5 ml/1 cucharadita de polvo de hornear

Pizca de sal

2 huevos, ligeramente batidos

Derrita la mantequilla o la margarina, luego mezcle el azúcar, las grosellas, las sultanas, la ralladura mixta y los dátiles. Mezcla el bicarbonato de sodio con una pequeña cantidad de agua y mézclalo con la mezcla de frutas con el agua restante. Llevar a ebullición, luego cocine a fuego lento durante 20 minutos, revolviendo ocasionalmente. Cubra y reserve durante la noche.

Engrase y cubra un molde desmontable de 23 cm/9 pulgadas y ate una capa doble de papel para hornear (encerado) o papel de estraza sobre la parte superior del molde. Mezcle las cerezas, las nueces y el brandy o el jerez en la mezcla, luego agregue la harina, el polvo de hornear y la sal. Agrega huevos. Vierta en el molde para pastel preparado y hornee en un horno precalentado a 160°C/325°F/Gas 3 durante 1 hora. Reduzca la temperatura del horno a 140°C/275°F/nivel de gas 1 y hornee por otra hora. Reduzca la temperatura del horno a 120°C/250°F/1/2 marca de gas nuevamente y hornee por otra hora hasta que el centro de la brocheta salga limpio. Al final de la cocción, si está dorada, cubrir la parte superior de la tarta con un disco de papel de horno o papel de estraza. Dejar enfriar en el molde durante 30 minutos,

pastel de frutas de jengibre

Hace un pastel de 18 cm/7 pulgadas

100 g/4 oz/½ taza de mantequilla o margarina, blanda

100 g / 4 oz / ½ taza de azúcar en polvo

2 huevos, ligeramente batidos

30 ml/2 cucharadas de leche

225 g/8 oz/2 tazas de harina leudante (autoleudante)

5 ml/1 cucharadita de polvo de hornear

10 ml/2 cucharaditas de mezcla de especias molidas (tarta de manzana)

5 ml/1 cucharadita de jengibre molido

100g/4oz/2/3 taza de pasas

100g/4oz/2/3 taza de sultanas (pasas doradas)

Bate la mantequilla o la margarina con el azúcar hasta que quede suave y esponjosa. Mezcle gradualmente los huevos y la leche, luego agregue la harina, el polvo de hornear y las especias, luego la fruta. Vierta la mezcla en un molde desmontable de 18 cm/7 engrasado y forrado y hornee en el horno precalentado a 160 °C/325 °F/nivel de gas 3 durante 1¼ horas hasta que suba y se dore.

Pastel De Miel De Frutas

Para un pastel de 20 cm/8 pulgadas

175 g/6 oz/2/3 taza de mantequilla o margarina, blanda

175 g/6 oz/½ taza de miel pálida

ralladura de 1 limón

3 huevos, ligeramente batidos

225 g/8 oz/2 tazas de harina integral (entera)

10 ml/2 cucharaditas de polvo de hornear

5 ml/1 cucharadita de mezcla de especias molidas (tarta de manzana)

100g/4oz/2/3 taza de pasas

100g/4oz/2/3 taza de sultanas (pasas doradas)

100g/4oz/2/3 taza de grosellas

50 g/1/3 taza de albaricoques secos listos para comer, picados

50 g/2 oz/1/3 taza de cáscara picada mixta (confitada)

25g/1oz/¼ taza de almendras molidas

25 g / 1 oz / ¼ taza de almendras

Bate la mantequilla o margarina, la miel y la ralladura de limón hasta que quede suave y esponjosa. Poco a poco agregue los huevos, luego agregue la harina, el polvo de hornear y la mezcla de especias. Agregue frutas y almendras molidas. Ponga una cucharada en un molde desmontable de 20 cm / 8 engrasado y forrado (bandeja) y haga una pequeña muesca en el centro. Coloca las almendras alrededor del borde superior del pastel. Hornee en un horno precalentado a 160°C/325°F/nivel de gas 3 durante 2-2½ horas, hasta que un palillo en el centro salga limpio. Cubra la parte superior de la torta con papel de hornear (encerado) al final de la cocción si está demasiado dorada. Dejar enfriar en el molde durante 10 minutos, luego colocar sobre la rejilla para que se enfríe por completo.

Pastel de Génova

Para un pastel de 23 cm/9 pulgadas

225 g/8 oz/1 taza de mantequilla o margarina, blanda

100 g / 4 oz / ½ taza de azúcar en polvo

4 huevos, separados

5 ml/1 cucharadita de esencia de almendras (extracto)

5 ml/1 cucharadita de piel de naranja rallada

225g/8oz/11/3 taza de pasas picadas

100 g/2/3 taza de grosellas picadas

100 g/2/3 taza de pasas (pasas doradas), picadas

50 g/2 oz/¼ taza de cerezas confitadas (congeladas), picadas

50 g/2 oz/1/3 taza de cáscara picada mixta (confitada)

100 g / 1 taza de almendras molidas

25 g / 1 oz / ¼ taza de almendras

350 g/12 oz/3 tazas de harina (para todo uso)

10 ml/2 cucharaditas de polvo de hornear

5 ml/1 cucharadita de canela molida

Batir la mantequilla o margarina con el azúcar, luego batir las yemas de huevo, la esencia de almendras y la ralladura de naranja. Mezcle las frutas y nueces con un poco de harina hasta que estén cubiertas, luego agregue cucharadas de harina, polvo de hornear y canela alternando con cucharadas de la mezcla de frutas hasta que todo esté bien combinado. Batir las claras de huevo hasta que estén rígidas, luego incorporarlas a la masa. Vierta en un molde para pastel de 23 cm/9 pulgadas engrasado y forrado y hornee en el horno precalentado a 190 °C/375 °F/nivel de gas 5 durante 30 minutos, luego reduzca la temperatura del horno a 160 °C/325 °F/marca de gas 3 durante otra hora y media hasta que esté elástico al tacto y un palillo insertado en el interior salga limpio. Dejar enfriar en el molde.

Pastel de frutas glaseadas

Para un pastel de 23 cm/9 pulgadas

225 g/8 oz/1 taza de mantequilla o margarina, blanda

225 g/8 oz/1 taza de azúcar fina

4 huevos, ligeramente batidos

45 ml/3 cucharadas de brandy

250 g/9 oz/1¼ taza de harina normal (para todo uso)

2,5 ml/½ cucharadita de polvo de hornear

Pizca de sal

225 g/8 oz/1 taza de frutas mixtas heladas (confitadas) como cerezas, piñas, naranjas, higos, en rodajas

100g/4oz/2/3 taza de pasas

100g/4oz/2/3 taza de sultanas (pasas doradas)

75g/3oz/½ taza de grosellas

50 g / 2 oz / ½ taza de nueces mixtas picadas

ralladura de 1 limón

Bate la mantequilla o la margarina con el azúcar hasta que quede suave y esponjosa. Agregue gradualmente los huevos y el brandy. En un recipiente aparte, mezcle los ingredientes restantes hasta que la fruta esté bien cubierta con harina. Añadir a la mezcla y mezclar bien. Coloque una cucharada en un molde para pastel (bandeja) de 23 cm / 9 pulgadas engrasado y hornee en un horno precalentado a 180 ° C / 350 ° F / Gas 4 durante 30 minutos. Reduzca la temperatura del horno a 150°C/300°F/nivel de gas 3 y hornee por 50 minutos más, hasta que al insertar un palillo en el centro, éste salga limpio.

Pastel de frutas Guinness

Para un pastel de 23 cm/9 pulgadas

225g/8oz/1 taza de mantequilla o margarina

225 g/8 oz/1 taza de azúcar morena blanda

300 ml/½ pt/1¼ taza Guinness o stout

225g/8oz/11/3 tazas de pasas

225g/8oz/11/3 tazas sultanas (pasas doradas)

225g/8oz/11/3 tazas de grosellas

100 g/4 oz/2/3 taza de cáscara mezclada (confitada) picada

550 g/1¼ lb/5 tazas de harina normal (para todo uso)

2,5 ml/½ cucharadita de bicarbonato de sodio (bicarbonato de sodio)

5 ml/1 cucharadita de mezcla de especias molidas (tarta de manzana)

2,5 ml/½ cucharadita de nuez moscada rallada

3 huevos, ligeramente batidos

Hierva la mantequilla o margarina, el azúcar y la Guinness en una cacerola pequeña a fuego lento, revolviendo hasta que estén bien combinados. Agregue la fruta y la ralladura mezclada, hierva y cocine durante 5 minutos. Retirar del fuego y dejar enfriar.

Mezcla la harina, el bicarbonato de sodio y las especias y haz un hueco en el centro. Agregue la mezcla de frutas frescas y el huevo y mezcle hasta que estén bien combinados. Vierta en un molde desmontable de 23 cm/9 engrasado y forrado y hornee en un horno precalentado a 160 °C/325 °F/nivel de gas 3 durante 2 horas, hasta que un palillo central salga limpio. Deje enfriar en el molde durante 20 minutos, luego coloque sobre la rejilla para terminar de enfriar.

masa picada

Para un pastel de 20 cm/8 pulgadas

225 g/8 oz/2 tazas de harina leudante (autoleudante)

350g/12oz/2 tazas de carne picada

75 g/½ taza de mezclas de frutas secas (mezcla para pastel de frutas)

3 huevos

150g/5oz/2/3 taza de margarina suave

150g/5oz/2/3 taza de azúcar morena suave

Mezclar todos los ingredientes hasta que estén bien combinados. Conviértalo en un molde desmontable de 20 cm/8 pulgadas, engrasado y forrado con papel aluminio, y hornee en un horno precalentado a 160 °C/325 °F/nivel de gas 3 durante 1¾ horas hasta que suba bien y esté firme al tacto.

Tarta de avena y albaricoque

Para un pastel de 20 cm/8 pulgadas

175 g/6 oz/¾ taza de mantequilla o margarina, blanda

50 g/2 oz/¼ taza de azúcar moreno blando

30 ml/2 cucharadas de miel pura

3 huevos batidos

175 g/6 oz/¼ taza de harina de trigo integral

50g/2oz/½ taza de avena

10 ml/2 cucharaditas de polvo de hornear

250 g/9 oz/1½ taza de mezclas de frutas secas (mezcla para pastel de frutas)

50 g/1/3 taza de albaricoques secos listos para comer, picados

Ralladura rallada y jugo de 1 limón

Bate la mantequilla o la margarina con el azúcar y la miel hasta que quede suave y esponjosa. Batir poco a poco los huevos alternando con la harina y la levadura. Agregue frutas secas, jugo de limón y ralladura. Con una cuchara, coloque en un molde desmontable de 20 cm/8 pulgadas engrasado y forrado y hornee en un horno precalentado a 180 °C/350 °F/nivel de gas 4 durante 1 hora. Reduzca la temperatura del horno a 160°C/325°F/nivel de gas 3 y hornee durante 30 minutos más, hasta que el palillo central salga limpio. Cubra la parte superior con pergamino si el pastel comienza a dorarse demasiado rápido.

Pastel de frutas para la noche

Para un pastel de 20 cm/8 pulgadas

450 g/1 lb/4 tazas de harina normal (para todo uso)

225g/8oz/1 1/3 tazas de grosellas

225g/8oz/1 1/3 tazas sultanas (pasas doradas)

225 g/8 oz/1 taza de azúcar morena blanda

50 g/2 oz/1/3 taza de cáscara picada mixta (confitada)

175 g / 6 oz / ¾ taza de manteca (manteca vegetal)

15 ml/1 cucharada de jarabe de maíz dorado (light)

10 ml/2 cucharaditas de bicarbonato de sodio

15 ml/1 cucharada de leche

300 ml/½ pinta/1¼ taza de agua

Mezclar la harina, la fruta, el azúcar y la ralladura. Derretir la manteca y el almíbar y mezclar con la mezcla. Disuelve el bicarbonato de sodio en la leche y mézclalo en la masa con el agua. Vierta en un molde de pastel (cacerola) engrasado, cubra y deje toda la noche.

Hornea el pastel en un horno precalentado a 160 °C/375 °F/nivel de gas 3 durante 1¾ horas hasta que el centro de la brocheta salga limpio.

Pastel con pasas y especias

Para un pan de 900g/2lb

225 g/8 oz/1 taza de azúcar morena blanda

300 ml/½ pinta/1¼ taza de agua

100g/4oz/½ taza de mantequilla o margarina

15 ml/1 cucharada de melaza negra (melaza)

175g/6oz/1 taza de pasas

5 ml/1 cucharadita de canela molida

2. 5 ml/½ cucharadita de nuez moscada rallada

2,5 ml/½ cucharadita de pimienta de Jamaica

225 g/8 oz/2 tazas de harina normal (para todo uso)

5 ml/1 cucharadita de polvo de hornear

5 ml/1 cucharadita de bicarbonato de sodio

Derrita el azúcar, el agua, la mantequilla o margarina, la melaza, las pasas y las especias en una cacerola pequeña a fuego medio, revolviendo constantemente. Llevar a ebullición y cocine a fuego lento durante 5 minutos. Retire del fuego y bata el resto de los ingredientes. Vierta la mezcla en una hogaza de 900 g/2 lb engrasada y forrada y hornee en el horno precalentado a 180 °C/350 °F/Gas 4 durante 50 minutos, hasta que al insertar un palillo en el centro, éste salga limpio.

pastel richmond

Para un pastel de 15 cm/6 pulgadas

225 g/8 oz/2 tazas de harina normal (para todo uso)

Pizca de sal

75 g/1/3 taza de mantequilla o margarina

100 g / 4 oz / ½ taza de azúcar en polvo

2,5 ml/½ cucharadita de polvo de hornear

100g/4oz/2/3 taza de grosellas

2 huevos batidos

Algo de leche

Poner la harina y la sal en un bol y frotar con la mantequilla o margarina hasta que la mezcla parezca pan rallado. Agregue el azúcar, el polvo de hornear y las grosellas. Agregue los huevos y suficiente leche para mezclar en una masa dura. Convertir en un molde desmontable de 15 cm/6 engrasado y forrado. Hornee en un horno precalentado a 190°C/375°F/Gas 5 durante unos 45 minutos, hasta que al insertar un palillo en el centro, éste salga limpio. Dejar enfriar en la parrilla.

Pastel de azafrán

Hace dos galletas de 450 g/1 lb

2,5 ml/½ cucharadita de hebras de azafrán

Agua caliente

15 g de levadura fresca o 20 ml/4 cucharaditas de levadura seca

900 g/2 lb/8 tazas de harina normal (para todo uso)

225 g/8 oz/1 taza de azúcar fina

2,5 ml/½ cucharadita de mezcla de especias molidas (pastel de manzana)

Pizca de sal

100 g/4 oz/½ taza de manteca de cerdo (reducida)

100g/4oz/½ taza de mantequilla o margarina

300 ml/½ pt/1¼ taza de leche tibia

350 g/12 oz/2 tazas de mezclas de frutas secas (mezcla para pastel de frutas)

50 g / 2 oz / 1/3 taza de cáscara picada mixta (confitada)

> Picar las hebras de azafrán y remojar durante la noche en 45 ml/3 cucharadas de agua tibia.

Mezcle la levadura con 30 ml/2 cucharadas de harina, 5 ml/1 cucharadita de azúcar y 75 ml/5 cucharadas de agua tibia y déjala reposar en un lugar cálido durante 20 minutos hasta que esté espumosa.

Mezclar la harina restante y el azúcar con las especias y la sal. Frote la manteca y la mantequilla o margarina hasta que parezca pan rallado, luego haga un hueco en el centro. Agregue la mezcla de levadura, el azafrán y el líquido de azafrán, la leche tibia, la fruta y la ralladura mixta y mezcle hasta obtener una masa suave. Colocar en un bol aceitado, tapar con film transparente (papel aluminio) y dejar reposar en un lugar cálido durante 3 horas.

Forme dos panes, coloque en dos moldes (bandejas) engrasados y hornee en horno precalentado a 220°C durante 40 minutos, hasta que crezcan y estén dorados.

Pastel de frutas de soda

Para una torta 450 g/1 lb

225 g/8 oz/2 tazas de harina normal (para todo uso)

1,5 ml/¼ de cucharadita de sal

una pizca de bicarbonato de sodio (bicarbonato de sodio)

50g/2oz/¼ taza de mantequilla o margarina

50 g/2 oz/¼ taza de azúcar en polvo

100 g/4 oz/2/3 taza de mezclas de frutas secas (mezcla para pastel de frutas)

150 ml/¼ pt/2/3 taza de leche agria o leche con 5 ml/1 cucharadita de jugo de limón

5 ml/1 cucharadita de melaza negra (melaza)

En un tazón, mezcle la harina, la sal y el bicarbonato de sodio. Frote la mantequilla o la margarina hasta que la mezcla parezca pan rallado. Agregue el azúcar y la fruta y mezcle bien. Caliente la leche y la melaza hasta que la melaza se derrita, luego agregue a los ingredientes secos y mezcle hasta que estén firmes. Vierta en un molde para pan de 450 g/1 lb engrasado y hornee en un horno precalentado a 190 ° C / 375 ° F / marca de gas 5 durante aproximadamente 45 minutos hasta que estén doradas.

Un pastel de frutas rápido

Para un pastel de 20 cm/8 pulgadas

450 g/lb/22/3 tazas de frutas secas mixtas (mezcla para pastel de frutas)

225 g/8 oz/1 taza de azúcar morena blanda

100g/4oz/½ taza de mantequilla o margarina

150 ml/¼ pt/2/3 tazas de agua

2 huevos batidos

225 g/8 oz/2 tazas de harina leudante (autoleudante)

Lleve a ebullición la fruta, el azúcar, la mantequilla o la margarina y el agua, luego cubra y cocine a fuego lento durante 15 minutos. Dejar enfriar. Agregue los huevos y la harina, luego transfiéralo a una bandeja para hornear de 20 cm / 8 engrasada y forrada y hornee en un horno precalentado a 150 ° C / 300 ° F / marca de gas 3 durante 1½ horas, hasta que se dore por encima y se infle. los lados de la lata.

Pastel de frutas con té caliente

Para una torta de 900g/2lb

450 g/2½ tazas de mezclas de frutas secas (mezcla para pastel de frutas)

300 ml/½ pt/1¼ taza de té negro caliente

350 g/10 oz/1¼ taza de azúcar morena suave

350 g/10 oz/2½ tazas de harina leudante (autoleudante)

1 huevo batido

Ponga la fruta en té caliente y déjela toda la noche. Mezclar el azúcar, la harina y el huevo y convertirlo en una hogaza engrasada y enharinada de 900g Hornear en horno precalentado a 160°C/325°F/nivel de gas 3 durante 2 horas hasta que suba y dore.

Pastel de frutas con té frío

Para un pastel de 15 cm/6 pulgadas

100g/4oz/½ taza de mantequilla o margarina

225g/8oz/11/3 taza de mezclas de frutas secas (mezcla para pastel de frutas)

250 ml/8 fl oz/1 taza de té negro frío

225 g/8 oz/2 tazas de harina leudante (autoleudante)

100 g / 4 oz / ½ taza de azúcar en polvo

5 ml/1 cucharadita de bicarbonato de sodio

1 huevo grande

Derrita la mantequilla o margarina en una cacerola, agregue fruta y té y deje hervir. Cocine a fuego lento durante 2 minutos, luego enfríe. Añadir el resto de los ingredientes y mezclar bien. Vierta en un molde desmontable de 15 cm/6 engrasado y forrado y hornee en un horno precalentado a 160 °C/325 °F/nivel de gas 3 durante 1¼-1½ horas hasta que esté firme al tacto. Deje enfriar, luego sirva en rodajas y untado con mantequilla.

Pastel de frutas sin azúcar

Para un pastel de 20 cm/8 pulgadas

4 albaricoques secos

60 ml/4 cucharadas de jugo de naranja

250 ml/8 fl oz/1 taza de cerveza negra

100g/4oz/2/3 taza de sultanas (pasas doradas)

100g/4oz/2/3 taza de pasas

50g/2oz/¼ taza de grosellas

50g/2oz/¼ taza de mantequilla o margarina

225 g/8 oz/2 tazas de harina leudante (autoleudante)

75g/3oz/¾ taza de nueces mixtas picadas

10 ml/2 cucharaditas de mezcla de especias molidas (tarta de manzana)

5 ml/1 cucharadita de café instantáneo en polvo

3 huevos, ligeramente batidos

15 ml/1 cucharada de brandy o whisky

Remoje los albaricoques en jugo de naranja hasta que estén suaves, luego pique. Coloque en una sartén con grasa, frutas secas y mantequilla o margarina, hierva, luego cocine a fuego lento durante 20 minutos. Dejar enfriar.

Mezcle harina, nueces, especias y café. Agregue la mezcla fuerte de huevos y brandy o whisky. Vierta la mezcla en un molde desmontable de 20 cm / 8 engrasado y forrado y hornee en un horno precalentado a 180 ° C / 350 ° F / gas 4 durante 20 minutos. Reduzca la temperatura del horno a 150 °C/300 °F/nivel de gas 2 y hornee durante 1 hora y media más, hasta que la brocheta del centro salga limpia. Cubra la parte superior con papel de hornear (encerado) al final de la cocción si está dorado. Dejar enfriar en el molde durante 10 minutos, luego colocar sobre la rejilla para que se enfríe por completo.

Pasteles De Frutas Pequeños

Hace 48

100 g/4 oz/½ taza de mantequilla o margarina, blanda

225 g/8 oz/1 taza de azúcar morena blanda

2 huevos, ligeramente batidos

175 g/6 oz/1 taza de dátiles deshuesados (sin semillas), picados

50 g / 2 oz / ½ taza de nueces mixtas picadas

15 ml/1 cucharada de piel de naranja rallada

225 g/8 oz/2 tazas de harina normal (para todo uso)

5 ml/1 cucharadita de bicarbonato de sodio

2,5 ml/½ cucharadita de sal

150 ml/¼ pt/2/3 taza de suero de leche

6 cerezas heladas (confitadas), en rodajas

Glaseado de frutas de naranja

Bate la mantequilla o la margarina con el azúcar hasta que quede suave y esponjosa. Batir los huevos poco a poco. Agregue los dátiles, las nueces y la cáscara de naranja. Mezcla la harina, el bicarbonato de sodio y la sal. Agregue a la mezcla alternando con el suero de leche y bata hasta que esté bien combinado. Vierta en moldes para muffins de 5 cm/2 engrasados (bandeja) y adorne con cerezas. Hornea en un horno precalentado a 190°C/375°F/Gas 5 durante 20 minutos hasta que el centro de la brocheta salga limpio. Transfiera a la nevera y deje que se caliente, luego cepille con el glaseado de naranja.

Pastel de vinagre de frutas

Para un pastel de 23 cm/9 pulgadas

225g/8oz/1 taza de mantequilla o margarina

450 g/1 lb/4 tazas de harina normal (para todo uso)

225g/8oz/11/3 tazas sultanas (pasas doradas)

100g/4oz/2/3 taza de pasas

100g/4oz/2/3 taza de grosellas

225 g/8 oz/1 taza de azúcar morena blanda

5 ml/1 cucharadita de bicarbonato de sodio

300 ml/½ pt/1¼ taza de leche

45 ml/3 cucharadas de vinagre de malta

Frote la mantequilla o la margarina en la harina hasta que la mezcla parezca pan rallado. Mezclar la fruta y el azúcar, y hacer un hueco en el centro. Mezcle el bicarbonato de sodio, la leche y el vinagre; la mezcla hará espuma. Mezclar con los ingredientes secos hasta que estén bien combinados. Vierta la mezcla en un molde para pasteles de 23 cm / 9 pulgadas engrasado y forrado y hornee en un horno precalentado a 200 ° C / 400 ° F / Gas 6 durante 25 minutos. Reduzca la temperatura del horno a 160°C/325°F/nivel de gas 3 y hornee durante 1½ horas más, hasta que estén doradas y firmes al tacto. Deje enfriar en el molde durante 5 minutos, luego coloque sobre la rejilla para terminar de enfriar.

Pastel de whisky de Virginia

Para una torta 450 g/1 lb

100 g/4 oz/½ taza de mantequilla o margarina, blanda

50 g/2 oz/¼ taza de azúcar en polvo

3 huevos, separados

175 g/6 oz/1½ taza de harina normal (para todo uso)

5 ml/1 cucharadita de polvo de hornear

Una pizca de nuez moscada rallada

Una pizca de maza de tierra

Puerto de 120ml/4oz/½ taza

30 ml/2 cucharadas de brandy

100 g/4 oz/2/3 taza de mezclas de frutas secas (mezcla para pastel de frutas)

120ml/4oz/½ taza de whisky

Batir la mantequilla y el azúcar hasta que quede suave. Añade las yemas. Mezclar la harina, el polvo de hornear y las especias y mezclar. Agregue el oporto, el brandy y los frutos secos. Bate las claras de huevo hasta que se formen picos suaves, luego incorpóralas a la masa. Vierta en un molde para pan de 450 g/1 lb engrasado y hornee en un horno precalentado a 160 °C/325 °F/nivel de gas 3 durante 1 hora hasta que al insertar un palillo en el centro salga limpio. Deje enfriar en el molde, luego vierta el whisky sobre el pastel y deje reposar en el molde durante 24 horas antes de rebanar.

Tarta galesa de frutas

Para un pastel de 23 cm/9 pulgadas

50g/2oz/¼ taza de mantequilla o margarina

50g/2oz/¼ taza de manteca (manteca vegetal)

225 g/8 oz/2 tazas de harina normal (para todo uso)

Pizca de sal

10 ml/2 cucharaditas de polvo de hornear

100g/4oz/½ taza de azúcar demerara

175 g/6 oz/1 taza de mezclas de frutas secas (mezcla para pastel de frutas)

Ralladura rallada y jugo de ½ limón

1 huevo, ligeramente batido

30 ml/2 cucharadas de leche

Frote la mantequilla o la margarina y la manteca de cerdo en la harina, la sal y el polvo de hornear hasta que la mezcla parezca pan rallado. Agregue el azúcar, la fruta y la ralladura y el jugo de limón, luego agregue el huevo y la leche y amase hasta obtener una masa suave. Forme un molde para hornear cuadrado de 23 cm / 9 engrasado y forrado y hornee en un horno precalentado a 200 ° C / 400 ° F / marca de gas 6 durante 20 minutos hasta que suba y se dore.

Pastel de frutas blancas

Para un pastel de 23 cm/9 pulgadas

100 g/4 oz/½ taza de mantequilla o margarina, blanda

225 g/8 oz/1 taza de azúcar fina

5 huevos, ligeramente batidos

350 g/12 oz/2 tazas de mezclas de frutas secas

350g/12oz/2 tazas sultanas (pasas doradas)

100 g/2/3 taza de dátiles deshuesados (sin pepitas), picados

100 g de cerezas heladas (confitadas), picadas

100 g/4 oz/½ taza de piña helada (confitada), picada

100 g / 4 oz / 1 taza de nueces mixtas picadas

225 g/8 oz/2 tazas de harina normal (para todo uso)

10 ml/2 cucharaditas de polvo de hornear

2,5 ml/½ cucharadita de sal

60 ml/4 cucharadas de jugo de piña

Bate la mantequilla o la margarina con el azúcar hasta que quede suave y esponjosa. Poco a poco agregue los huevos, batiendo bien después de cada adición. Mezcle todas las frutas, nueces y un poco de harina hasta que los ingredientes estén bien cubiertos de harina. Mezcle el polvo de hornear y la sal con la harina restante, luego incorpórelo a la mezcla de huevo alternando con el jugo de piña hasta que se mezclen uniformemente. Agregue la fruta y mezcle bien. Vierta en un molde para pastel de 23 cm / 9 engrasado y forrado y hornee en un horno precalentado a 140 ° C / 275 ° F / marca de gas 1 durante aproximadamente 2½ horas, hasta que un palillo central salga limpio. Dejar enfriar en el molde durante 10 minutos, luego colocar sobre la rejilla para que se enfríe por completo.

Tarta de manzana

Para un pastel de 20 cm/8 pulgadas

175 g/6 oz/1½ taza de harina leudante

5 ml/1 cucharadita de polvo de hornear

Pizca de sal

150 g/2/3 taza de mantequilla o margarina

150 g / 5 oz / 2/3 taza de azúcar en polvo

1 huevo batido

175ml/6oz/¾ taza de leche

3 manzanas (de postre), peladas, sin corazón y en rodajas

2,5 ml/½ cucharadita de canela molida

15 ml/1 cucharada de miel clara

Mezclar la harina, el poder de hornear y la sal. Frote la mantequilla o la margarina hasta que parezca pan rallado, luego agregue el azúcar. Agregue el huevo y la leche. Vierta la masa en un molde desmontable de 20 cm / 8 engrasado y forrado y presione suavemente las rodajas de manzana. Espolvorear con canela y rociar con miel. Hornear en horno precalentado a 200°C/gas 6 durante 45 minutos hasta que estén doradas y firmes al tacto.

Una tarta de manzana especiada con una parte superior crujiente

Para un pastel de 20 cm/8 pulgadas

75 g/1/3 taza de mantequilla o margarina

175 g/6 oz/1½ taza de harina leudante

50 g/2 oz/¼ taza de azúcar en polvo

1 huevo

75 ml/5 cucharadas de agua

3 manzanas (de postre), peladas, sin corazón y cortadas en octavos

Para la cobertura:
75g/3oz/1/3 taza de azúcar demerara

10 ml/2 cucharaditas de canela molida

25 g/2 cucharadas de mantequilla o margarina

Frote la mantequilla o la margarina en la harina hasta que la mezcla parezca pan rallado. Agregue azúcar, luego mezcle el huevo y el agua para hacer una masa suave. Agregue un poco más de agua si la mezcla está demasiado seca. Extienda la masa en un molde desmontable (plato) con un diámetro de 20 cm / 8 cm y presione las manzanas en la masa. Espolvorear con azúcar demerara y canela y espolvorear con mantequilla o margarina. Hornee en un horno precalentado a 180 °C/350 °F/marca de gas 4 durante 30 minutos hasta que estén doradas y firmes al tacto.

pastel de manzana americano

Para un pastel de 20 cm/8 pulgadas

50 g/2 oz/¼ taza de mantequilla o margarina, blanda

225 g/8 oz/1 taza de azúcar morena blanda

1 huevo, ligeramente batido

5 ml/1 cucharadita de esencia de vainilla (extracto)

100 g/4 oz/1 taza de harina normal (para todo uso)

2,5 ml/½ cucharadita de polvo de hornear

2,5 ml/½ cucharadita de bicarbonato de sodio (bicarbonato de sodio)

2,5 ml/½ cucharadita de sal

2,5 ml/½ cucharadita de canela molida

2,5 ml/½ cucharadita de nuez moscada rallada

450 g (de postre) de manzanas, peladas, sin corazón y cortadas en cubitos

25 g / 1 oz / ¼ taza de almendras picadas

Bate la mantequilla o la margarina con el azúcar hasta que quede suave y esponjosa. Batir poco a poco el huevo y la esencia de vainilla. Mezcle la harina, el polvo de hornear, el bicarbonato de sodio, la sal y las especias y bata hasta que se combinen. Agregue manzanas y nueces. Coloque una cucharada en un molde para hornear cuadrado de 20 cm / 8 engrasado y forrado y hornee en un horno precalentado a 180 ° C / 350 ° F / marca de gas 4 durante 45 minutos hasta que un palillo central salga limpio.

Pastel con Puré de Manzana

Para una torta de 900g/2lb

100 g/4 oz/½ taza de mantequilla o margarina, blanda

225 g/8 oz/1 taza de azúcar morena blanda

2 huevos, ligeramente batidos

225 g/8 oz/2 tazas de harina normal (para todo uso)

5 ml/1 cucharadita de canela molida

2,5 ml/½ cucharadita de nuez moscada rallada

100 g / 1 taza de puré de manzana (salsa)

5 ml/1 cucharadita de bicarbonato de sodio

30 ml/2 cucharadas de agua caliente

Bate la mantequilla o la margarina con el azúcar hasta que quede suave y esponjosa. Poco a poco agregue los huevos. Agregue la harina, la canela, la nuez moscada y el puré de manzana. Mezcle bicarbonato de sodio con agua caliente y revuelva en la mezcla. Vierta en un molde para pan de 900 g engrasado y hornee en un horno precalentado a 180 °C/350 °F/nivel de gas 4 durante 1¼ horas hasta que un palillo insertado en el centro salga limpio.

sidra de manzana

Para un pastel de 20 cm/8 pulgadas

100 g/4 oz/½ taza de mantequilla o margarina, blanda

150 g / 5 oz / 2/3 taza de azúcar en polvo

3 huevos

225 g/8 oz/2 tazas de harina leudante (autoleudante)

5 ml/1 cucharadita de mezcla de especias molidas (tarta de manzana)

5 ml/1 cucharadita de bicarbonato de sodio

5 ml/1 cucharadita de polvo de hornear

150 ml/¼ pt/2/3 taza de sidra seca

2 manzanas cocidas (ralladas), peladas, sin corazón y rebanadas

75g/3oz/1/3 taza de azúcar demerara

100 g / 4 oz / 1 taza de nueces mixtas picadas

Mezcle la mantequilla o margarina, el azúcar, los huevos, la harina, los condimentos, el bicarbonato de sodio, el polvo para hornear y 120 ml/4 oz/½ taza de sidra hasta que estén bien mezclados, agregando el resto de la sidra si es necesario para hacer una masa uniforme. Vierta la mitad de la mezcla en un molde para pastel (bandeja) de 20 cm/8 engrasado y forrado y cubra con la mitad de las rodajas de manzana. Mezclar el azúcar y las nueces y poner la mitad sobre las manzanas. Agregue la masa restante a la masa y espolvoree con las manzanas restantes y el resto de la masa de azúcar y nueces. Hornee en un horno precalentado a 180°C/350°F/marca de gas 4 durante 1 hora, hasta que estén doradas y firmes al tacto.

Tarta de manzana y canela

Para un pastel de 23 cm/9 pulgadas

100g/4oz/½ taza de mantequilla o margarina

100 g / 4 oz / ½ taza de azúcar en polvo

1 huevo, ligeramente batido

100 g/4 oz/1 taza de harina normal (para todo uso)

5 ml/1 cucharadita de polvo de hornear

30 ml/2 cucharadas de leche (opcional)

2 manzanas grandes, cocidas (ralladas), peladas, sin corazón y rebanadas

30 ml/2 cucharadas de azúcar fina (muy fina)

5 ml/1 cucharadita de canela molida

25 g / 1 oz / ¼ taza de almendras picadas

30 ml/2 cucharadas de azúcar demerara

Bate la mantequilla o la margarina con el azúcar hasta que quede suave y esponjosa. Poco a poco batir el huevo, luego agregar la harina y el polvo de hornear. La mezcla debe quedar bastante rígida; si está demasiado rígido, agregue un poco de leche. Vierta la mitad de la mezcla en un molde desarmable (bandeja) de fondo suelto engrasado y forrado de 23 cm/9. Coloque las rodajas de manzana encima. Mezcle el azúcar con la canela y espolvoree las almendras sobre las manzanas. Decora con la mezcla de masa restante y espolvorea con azúcar demerara. Hornee en un horno precalentado a 180°C/350°F/Gas 4 durante 30-35 minutos, hasta que el centro de la brocheta salga limpio.

tarta de manzana española

Para un pastel de 23 cm/9 pulgadas

175 g/6 oz/¾ taza de mantequilla o margarina

6 manzanas Cox (de postre), peladas, sin corazón y cortadas en trozos

30 ml/2 cucharadas de brandy de manzana

175 g/6 oz/¾ taza (muy fina) de azúcar

150 g/5 oz/1¼ taza de harina normal (para todo uso)

10 ml/2 cucharaditas de polvo de hornear

5 ml/1 cucharadita de canela molida

3 huevos, ligeramente batidos

45 ml/3 cucharadas de leche

Para el glaseado:

60 ml/4 cucharadas de mermelada de albaricoque (enlatada), tamizada (escurrida)

15 ml/1 cucharada de brandy de manzana

5 ml/1 cucharadita de maizena (harina de maíz)

10 ml/2 cucharaditas de agua

Derrita la mantequilla o margarina en una sartén grande (sartén) y fría los trozos de manzana a fuego lento durante 10 minutos, revolviendo una vez para cubrir con mantequilla. Retire del fuego. Cortar un tercio de las manzanas y agregar el brandy de manzana, luego mezclar el azúcar, la harina, el polvo de hornear y la canela. Agregue los huevos y la leche y vierta con una cuchara en un molde de 23 cm/9 engrasado y enharinado en un molde para pasteles de fondo suelto. Coloque las rodajas de manzana restantes encima. Hornee en un horno precalentado a 180°C/350°F/Gas 4 durante 45 minutos, hasta que suba y se dore bien y los lados del molde comiencen a encogerse.

Para hacer el glaseado, caliente la mermelada y el brandy juntos. Mezcle la harina de maíz en una pasta con agua y mezcle con mermelada y brandy. Cocine por unos minutos, revolviendo hasta que se aclare. Pincelar el bizcocho tibio y dejar enfriar durante 30 minutos. Retire los lados del molde para pasteles, vuelva a calentar el glaseado y vuelva a glasear. Dejar enfriar.

Tarta de manzana y sultán

Para un pastel de 20 cm/8 pulgadas

350g/12oz/3 tazas de harina leudante (leudante)

Pizca de sal

2,5 ml/½ cucharadita de canela molida

225g/8oz/1 taza de mantequilla o margarina

175 g/6 oz/¾ taza (muy fina) de azúcar

100g/4oz/2/3 taza de sultanas (pasas doradas)

450 g de manzanas cocidas (ácidas), peladas, sin corazón y picadas finamente

2 huevos

Algo de leche

Mezcle la harina, la sal y la canela, luego frote la mantequilla o la margarina hasta que la mezcla parezca pan rallado. Añade azucar. Haga un pozo en el centro y agregue las sultanas, las manzanas y los huevos y mezcle bien, agregando un poco de leche para obtener una mezcla espesa. Vierta en un molde para pastel engrasado de 20 cm/8 pulgadas de diámetro y hornee en un horno precalentado a 180 °C/350 °F/nivel de gas 4 durante aproximadamente 1½-2 horas hasta que esté firme al tacto. Servir caliente o frío.

Tarta de manzana al revés

Para un pastel de 23 cm/9 pulgadas

2 manzanas (de postre), peladas, sin corazón y en rodajas finas

75g/3oz/1/3 taza de azúcar moreno suave

45 ml/3 cucharadas de pasas

30 ml/2 cucharadas de jugo de limón

En el pastel:

200 g/7 oz/1¾ taza de harina (para todo uso)

50 g/2 oz/¼ taza de azúcar en polvo

10 ml/2 cucharaditas de polvo de hornear

5 ml/1 cucharadita de bicarbonato de sodio

5 ml/1 cucharadita de canela molida

Pizca de sal

120ml/4oz/½ taza de leche

50 g/2 oz/½ taza de puré de manzana (salsa)

75 ml/5 cucharadas de aceite

1 huevo, ligeramente batido

5 ml/1 cucharadita de esencia de vainilla (extracto)

Mezcle las manzanas, el azúcar, las pasas y el jugo de limón y colóquelo en el fondo de un molde para pasteles de 23 cm/9 engrasado. Mezclar los ingredientes secos para la masa y hacer un hueco en el centro. Mezcla la leche, el puré de manzana, el aceite, el huevo y la esencia de vainilla y mezcla con los ingredientes secos hasta que se combinen. Vierta en el molde desmontable y hornee en el horno precalentado a 180 °C/350 °F/nivel de gas 4 durante 40 minutos, hasta que la masa esté dorada y se despegue de los lados del molde. Dejar enfriar en el molde durante 10 minutos, luego invertir con cuidado en un plato. Servir caliente o frío.

Pastel con albaricoques

Para un pan de 900g/2lb

225 g/8 oz/1 taza de mantequilla o margarina, blanda

225 g/8 oz/1 taza de azúcar fina

2 huevos, bien batidos

6 albaricoques maduros, deshuesados (sin semillas), pelados y hechos puré

300 g/11 oz/2¾ tazas de harina (para todo uso)

5 ml/1 cucharadita de bicarbonato de sodio

Pizca de sal

75 g de almendras picadas

Batir la mantequilla o margarina y el azúcar. Poco a poco batir los huevos, luego agregar los albaricoques. Batir la harina, el bicarbonato de sodio y la sal. Agrega nueces. Vierta en un molde para pan de 900 g / 2 lb engrasado y enharinado y hornee en un horno precalentado a 180 ° C / 350 ° F / marca de gas 4 durante 1 hora hasta que un palillo insertado en el centro salga limpio. Dejar enfriar en el molde antes de desechar.

Pastel de albaricoque y jengibre

Hace un pastel de 18 cm/7 pulgadas

100 g/4 oz/1 taza de harina leudante (autoleudante)

100 g/4 oz/½ taza de azúcar morena suave

10 ml/2 cucharaditas de jengibre molido

100 g/4 oz/½ taza de mantequilla o margarina, blanda

2 huevos, ligeramente batidos

100 g/2/3 taza de albaricoques secos listos para comer, picados

50g/2oz/1/3 taza de pasas

Batir la harina, el azúcar, el jengibre, la mantequilla o margarina y los huevos hasta que estén suaves. Agregue los albaricoques y las pasas. Vierta la mezcla en un molde desmontable (bandeja) de 18 cm/7 engrasado y forrado y hornee en el horno precalentado a 180 °C/350 °F/nivel de gas 4 durante 30 minutos, hasta que al insertar un palillo en el centro, éste salga limpio.

Pastel de albaricoque borracho

Para un pastel de 20 cm/8 pulgadas

120ml/4oz/½ taza de brandy o ron

120ml/4oz/½ taza de jugo de naranja

225g/8oz/1 1/3 tazas de albaricoques secos listos para comer, picados

100g/4oz/2/3 taza de sultanas (pasas doradas)

175 g/6 oz/¾ taza de mantequilla o margarina, blanda

45 ml/3 cucharadas de miel pura

4 huevos, separados

175 g/6 oz/1½ taza de harina leudante

10 ml/2 cucharaditas de polvo de hornear

Hervir brandy o ron y jugo de naranja con albaricoques y sultanas. Mezcle bien, luego retire del fuego y deje enfriar. Batir la mantequilla o la margarina con la miel y luego incorporar gradualmente las yemas. Agregue la harina y el polvo de hornear. Bate las claras de huevo a punto de nieve, luego incorpóralas suavemente a la mezcla. Vierta en un molde desmontable de 20 cm / 8 engrasado y forrado y hornee en un horno precalentado a 180 ° C / 350 ° F / Gas 4 durante 1 hora, hasta que un palillo insertado en el centro salga limpio. Dejar enfriar en el molde.

pastel de platano

Para una tarta de 23 x 33 cm/9 x 13 cm

4 plátanos maduros, machacados

2 huevos, ligeramente batidos

350g/12oz/1½ tazas de azúcar fina

120ml/4oz/½ taza de aceite

5 ml/1 cucharadita de esencia de vainilla (extracto)

50 g / 2 oz / ½ taza de nueces mixtas picadas

225 g/8 oz/2 tazas de harina normal (para todo uso)

10 ml/2 cucharaditas de bicarbonato de sodio

5 ml/1 cucharadita de sal

Batir los plátanos, los huevos, el azúcar, el aceite y la vainilla. Agregue el resto de los ingredientes y revuelva hasta que se mezclen. Coloque con una cuchara en un molde desmontable de 23 x 33 cm/9 x 13 y hornee en el horno precalentado a 180 °C/350 °F/nivel de gas 4 durante 45 minutos, hasta que el centro de la brocheta salga limpio.

Torta de plátano crujiente con una parte superior crujiente

Para un pastel de 23 cm/9 pulgadas

100 g/4 oz/½ taza de mantequilla o margarina, blanda

300 g/11 oz/11/3 tazas de azúcar fina

2 huevos, ligeramente batidos

175 g/6 oz/1½ taza de harina normal (para todo uso)

2,5 ml/½ cucharadita de sal

1,5 ml/½ cucharadita de nuez moscada rallada

5 ml/1 cucharadita de bicarbonato de sodio

75 ml/5 cucharadas de leche

Unas gotas de esencia de vainilla (extracto)

4 plátanos, machacados

Para la cobertura:

50g/2oz/¼ taza azúcar demerara

50 g/2 oz/2 tazas de hojuelas de maíz trituradas

2,5 ml/½ cucharadita de canela molida

25 g/2 cucharadas de mantequilla o margarina

Bate la mantequilla o la margarina con el azúcar hasta que quede suave y esponjosa. Poco a poco batir los huevos, luego agregar la harina, la sal y la nuez moscada. Mezcla bicarbonato de sodio con leche y esencia de vainilla y mezcla con plátanos. Poner una cucharada en un molde para tarta cuadrado de 23 cm/9 engrasado y forrado.

Para hacer el glaseado, mezcle el azúcar, las hojuelas de maíz y la canela y frote con la mantequilla o la margarina. Espolvorea sobre el pastel y hornea en un horno precalentado a 180°C/350°F/nivel de gas 4 durante 45 minutos hasta que esté firme al tacto.

Esponja De Plátano

Para un pastel de 23 cm/9 pulgadas

100 g/4 oz/½ taza de mantequilla o margarina, blanda

100 g / 4 oz / ½ taza de azúcar en polvo

2 huevos batidos

2 plátanos maduros grandes, machacados

225 g/8 oz/1 taza de harina leudante (autoleudante)

45 ml/3 cucharadas de leche

Para el relleno y cobertura:

225g/8oz/1 taza de queso crema

30 ml/2 cucharadas de nata (leche agria)

100 g de chips de plátano deshidratado

Bate la mantequilla o la margarina con el azúcar hasta que quede pálida y esponjosa. Agregue gradualmente los huevos, luego mezcle los plátanos y la harina. Revuelva la leche hasta que la mezcla tenga una consistencia similar a una gota. Vierta en un molde desmontable de 23 cm/9 engrasado y forrado y hornee en un horno precalentado a 180 °C/350 °F/Gas 4 durante aproximadamente 30 minutos, hasta que un palillo central salga limpio. Colocar en la parrilla y dejar enfriar, luego cortar por la mitad horizontalmente.

Para hacer la cobertura, bate el queso crema y la crema agria y usa la mitad de la mezcla para unir las dos mitades del pastel. Extiende la mezcla restante encima y decora con chips de plátano.

Pastel de plátano alto en fibra

Hace un pastel de 18 cm/7 pulgadas

100 g/4 oz/½ taza de mantequilla o margarina, blanda

50 g/2 oz/¼ taza de azúcar moreno blando

2 huevos, ligeramente batidos

100 g / 1 taza de harina integral (integral)

10 ml/2 cucharaditas de polvo de hornear

2 plátanos, machacados

Para el llenado:
225 g/8 oz/1 taza de queso cottage (queso cottage suave)

5 ml/1 cucharadita de jugo de limón

15 ml/1 cucharada de miel clara

1 plátano, en rodajas

Azúcar en polvo (de repostería), tamizada, para espolvorear

Bate la mantequilla o la margarina con el azúcar hasta que quede suave y esponjosa. Poco a poco batir los huevos, luego agregar la harina y el polvo de hornear. Mezcle suavemente los plátanos. Vierta la mezcla en dos moldes para pastel (bandejas) de 18 cm/7 engrasados y forrados y hornee en el horno precalentado durante 30 minutos hasta que esté firme al tacto. Dejar enfriar.

Para hacer el relleno, bate el queso crema, el jugo de limón y la miel y pinta una de las tortas. Coloque las rodajas de plátano encima, luego cubra con el segundo pastel. Servir espolvoreado con azúcar glass.

Pastel De Plátano Y Limón

Hace un pastel de 18 cm/7 pulgadas

100 g/4 oz/½ taza de mantequilla o margarina, blanda

175 g/6 oz/¾ taza (muy fina) de azúcar

2 huevos, ligeramente batidos

225 g/8 oz/2 tazas de harina leudante (autoleudante)

2 plátanos, machacados

Para el relleno y cobertura:

75 ml/5 cucharadas de lemon curd

2 plátanos, en rodajas

45 ml/3 cucharadas de jugo de limón

100 g/4 oz/2/3 taza de azúcar en polvo (de repostería), tamizada

Bate la mantequilla o la margarina con el azúcar hasta que quede suave y esponjosa. Poco a poco batir los huevos, batiendo bien después de cada adición, luego agregar la harina y los plátanos. Vierta la mezcla en dos moldes para sándwich de 18 cm / 7 engrasados y forrados y hornee en un horno precalentado a 180 ° C / 350 ° F / marca de gas 4 durante 30 minutos. Sal y deja que se enfríe.

Dobla los pasteles junto con la cuajada de limón y la mitad de las rodajas de plátano. Rocíe las rodajas de plátano restantes con 15 ml/1 cucharada de jugo de limón. Mezcle el jugo de limón restante con el azúcar en polvo para hacer un glaseado espeso. Cubre el pastel con glaseado y decora con rodajas de plátano.

Bizcocho De Chocolate Con Plátano Licuadora

Para un pastel de 20 cm/8 pulgadas

225 g/8 oz/2 tazas de harina leudante (autoleudante)

2,5 ml/½ cucharadita de polvo de hornear

40 g/3 cucharadas de chocolate en polvo para beber

2 huevos

60 ml/4 cucharadas de leche

150 g / 5 oz / 2/3 taza de azúcar en polvo

100g/4oz/½ taza de margarina blanda

2 plátanos maduros, picados

Mezclar la harina, el polvo de hornear y el chocolate para beber. Mezcle los ingredientes restantes en una licuadora o procesador de alimentos durante unos 20 segundos; la mezcla se verá cuajada. Vierta en los ingredientes secos y mezcle bien. Conviértalo en un molde para pasteles desmontable de 20 cm/8 engrasado y forrado y hornee en un horno precalentado a 180 °C/350 °F/nivel de gas 4 durante aproximadamente 1 hora, hasta que al insertar un palillo en el centro, éste salga limpio. Acuéstese sobre la rejilla para enfriar.

Pastel de nuez de plátano

Para una torta de 900g/2lb

275 g/10 oz/2½ tazas de harina (para todo uso)

225 g/8 oz/1 taza de azúcar fina

100 g/1 taza de maní, finamente picado

15 ml/1 cucharada de polvo de hornear

Pizca de sal

2 huevos, separados

6 plátanos, machacados

Ralladura rallada y jugo de 1 limón pequeño

50g/2oz/¼ taza de mantequilla o margarina derretida

Mezclar la harina, el azúcar, las nueces, el polvo para hornear y la sal. Bate las yemas de huevo y mézclalas con los plátanos, la ralladura de limón, el jugo y la mantequilla o margarina. Batir las claras de huevo a punto de nieve, luego agregar a la mezcla. Vierta en un molde para pan engrasado de 900 g/2 lb y hornee en un horno precalentado a 180 °C/350 °F/nivel de gas 4 durante 1 hora hasta que al insertar un palillo en el centro salga limpio.

Pastel de plátano con pasas todo en uno

Para una torta de 900g/2lb

450 g / 1 libra de plátanos maduros, triturados

50 g / 2 oz / ½ taza de nueces mixtas picadas

120ml/4oz/½ taza de aceite de girasol

100g/4oz/2/3 taza de pasas

75g/3oz/¾ taza de avena

150g/5oz/1¼ taza de harina integral (entera)

1,5 ml/¼ de cucharadita de esencia de almendras (extracto)

Pizca de sal

Mezcle todos los ingredientes para obtener una mezcla suave y húmeda. Coloque una cuchara en una hogaza de 900 g/2 lb engrasada y forrada y hornee en un horno precalentado a 190 °C/375 °F/nivel de gas 5 durante 1 hora, hasta que se dore y al insertar un palillo en el centro salga limpio. . Enfriar en la lata durante 10 minutos antes de desechar.

Pastel De Plátano Y Whisky

A 25 cm/10 en la masa

225 g/8 oz/1 taza de mantequilla o margarina, blanda

450 g/2 tazas de azúcar morena blanda

3 plátanos maduros, machacados

4 huevos, ligeramente batidos

175 g/6 oz/1½ taza de nueces pecanas picadas en trozos grandes

225g/8oz/11/3 tazas sultanas (pasas doradas)

350 g/12 oz/3 tazas de harina (para todo uso)

15 ml/1 cucharada de polvo de hornear

5 ml/1 cucharadita de canela molida

2,5 ml/½ cucharadita de jengibre molido

2,5 ml/½ cucharadita de nuez moscada rallada

150ml/¼ pinta/2/3 taza de whisky

Bate la mantequilla o la margarina con el azúcar hasta que quede suave y esponjosa. Agregue los plátanos y luego bata los huevos gradualmente. Mezcle las nueces y las sultanas con una cucharada grande de harina, luego, en un recipiente aparte, mezcle la harina restante con el polvo de hornear y las especias. Agregue la harina alternativamente con el whisky. Agregue nueces y sultanas. Vierta la mezcla en una masa sin engrasar de 25 cm/10 en un molde desmontable (bandeja) y hornee en un horno precalentado a 180 °C/350 °F/nivel de gas 4 durante 1¼ horas hasta que esté elástica al tacto. Dejar enfriar en el molde durante 10 minutos, luego colocar sobre la rejilla para que se enfríe por completo.

Pastel de arándanos

Para un pastel de 23 cm/9 pulgadas

175 g/6 oz/¾ taza (muy fina) de azúcar

60 ml/4 cucharadas de aceite

1 huevo, ligeramente batido

120ml/4oz/½ taza de leche

225 g/8 oz/2 tazas de harina normal (para todo uso)

10 ml/2 cucharaditas de polvo de hornear

2,5 ml/½ cucharadita de sal

225 g / 8 onzas de bayas

Para la cobertura:

50g/2oz/¼ taza de mantequilla o margarina derretida

100 g/4 oz/½ taza de azúcar en polvo

50 g/2 oz/¼ taza de harina normal (para todo uso)

2,5 ml/½ cucharadita de canela molida

Bate el azúcar, el aceite y el huevo hasta que estén bien combinados y pálidos. Agregue la leche, luego agregue la harina, el polvo de hornear y la sal. Agrega los arándanos. Verter la mezcla en un molde desmontable de 23 cm/9 engrasado y enharinado. Mezclar los ingredientes del topping y espolvorear sobre la mezcla. Hornea en un horno precalentado a 190°C/375°F/Gas 5 durante 50 minutos hasta que el centro de la brocheta salga limpio. Servir tibio.

Pastel de cereza con adoquines

Para una torta de 900g/2lb

175 g/6 oz/¾ taza de mantequilla o margarina, blanda

175 g/6 oz/¾ taza (muy fina) de azúcar

3 huevos batidos

225 g/8 oz/2 tazas de harina normal (para todo uso)

2,5 ml/½ cucharadita de polvo de hornear

100g/4oz/2/3 taza de sultanas (pasas doradas)

150 g/5 oz/2/3 taza de cerezas (confitadas), en cuartos

225 g de cerezas frescas, deshuesadas (sin semillas) y cortadas por la mitad

30 ml/2 cucharadas de mermelada de albaricoque (enlatada)

Bate la mantequilla o la margarina hasta que esté suave, luego agrega el azúcar. Agregue los huevos, luego la harina, el polvo de hornear, las sultanas y las cerezas. Vierta en un molde para pan de 900 g engrasado (bandeja) y hornee en un horno precalentado a 160 °C/325 °F/nivel de gas 3 durante 2½ horas. Dejar en el molde durante 5 minutos, luego colocar sobre la rejilla para que se enfríe por completo.

Coloque las cerezas en una fila encima del pastel. En una cacerola pequeña, hierva la mermelada de albaricoque, cuélela y cepille la parte superior del pastel para que quede glaseado.

Tarta de cerezas y coco

Para un pastel de 20 cm/8 pulgadas

350g/12oz/3 tazas de harina leudante (leudante)

175 g/6 oz/¾ taza de mantequilla o margarina

225 g/8 oz/1 taza de cerezas glaseadas (confitadas), cortadas en cuartos

100 g / 1 taza de coco seco (rallado)

175 g/6 oz/¾ taza (muy fina) de azúcar

2 huevos grandes, ligeramente batidos

200 ml/7 fl oz/pequeño 1 taza de leche

Poner la harina en un bol y frotar con la mantequilla o margarina hasta que la mezcla parezca pan rallado. Mezcle las cerezas en el coco, luego agréguelas a la mezcla de azúcar y mezcle ligeramente. Agregue los huevos y la mayor parte de la leche. Bate bien, agregando más leche si es necesario para obtener una consistencia suave como una gota. Convertir en un molde desmontable de 20 cm/8 engrasado y forrado. Hornea en horno precalentado a 180°C/350°F/Gas 4 durante 1½ horas, hasta que al pinchar con un palillo en el centro, éste salga limpio.

Tarta de cerezas y sultán

Para una torta de 900g/2lb

100 g/4 oz/½ taza de mantequilla o margarina, blanda

100 g / 4 oz / ½ taza de azúcar en polvo

3 huevos, ligeramente batidos

100 g de cerezas heladas (confitadas)

350g/12oz/2 tazas sultanas (pasas doradas)

175 g/6 oz/1½ taza de harina normal (para todo uso)

Pizca de sal

Bate la mantequilla o la margarina con el azúcar hasta que quede suave y esponjosa. Poco a poco agregue los huevos. Mezcle las cerezas y las sultanas con un poco de harina, luego agregue la harina restante a la mezcla de sal. Agregue cerezas y sultanas. Vierta la mezcla en una hogaza de 900 g/2 lb engrasada y forrada y hornee en un horno precalentado a 160 °C/325 °F/nivel de gas 3 durante 1½ horas, hasta que al insertar un palillo en el centro, éste salga limpio.

Tarta helada de cerezas y nueces

Hace un pastel de 18 cm/7 pulgadas

100 g/4 oz/½ taza de mantequilla o margarina, blanda

100 g / 4 oz / ½ taza de azúcar en polvo

2 huevos, ligeramente batidos

15 ml/1 cucharada de miel clara

150g/5oz/1¼ taza de harina leudante (leudante)

5 ml/1 cucharadita de polvo de hornear

Pizca de sal

A la decoración:
225 g/8 oz/11/3 tazas de azúcar en polvo (de repostería), tamizada

30 ml/2 cucharadas de agua

Unas gotas de colorante alimentario rojo.

4 cerezas glaseadas (confitadas), mitades

4 mitades de una nuez

Bate la mantequilla o la margarina con el azúcar hasta que quede suave y esponjosa. Batir poco a poco los huevos y la miel, luego agregar la harina, el polvo de hornear y la sal. Vierta la mezcla en un molde para pasteles de 18 cm/8 pulgadas engrasado y forrado y hornee en el horno precalentado a 190 °C/375 °F/nivel de gas 5 durante 20 minutos hasta que suba y esté firme al tacto. Dejar enfriar.

Coloque el azúcar en polvo en un tazón y bátalo gradualmente con suficiente agua para hacer un glaseado para untar. Esparcir la mayor parte encima de la tarta. Colorea el glaseado restante con unas gotas de colorante para alimentos y agrega un poco más de azúcar en polvo si hace que el glaseado sea demasiado delgado. Coloca un tubo o cubre el pastel con glaseado rojo para dividirlo en gajos, luego decora con cerezas y nueces.

pastel de ciruela damascena

Para un pastel de 20 cm/8 pulgadas

100 g/4 oz/½ taza de mantequilla o margarina, blanda

75g/3oz/1/3 taza de azúcar moreno suave

2 huevos, ligeramente batidos

225 g/8 oz/2 tazas de harina leudante (autoleudante)

Damsons 450 g/1 lb, sin hueso (sin semillas) y en mitades

50g/2oz/½ taza de nueces mixtas picadas.

Bate la mantequilla o la margarina con el azúcar hasta que esté suave y esponjosa, luego agrega gradualmente los huevos, batiendo bien después de cada adición. Agregue la harina y la ciruela. Verter la mezcla en un molde desmontable (sartén) de 20 cm/8 in engrasado y forrado y espolvorear con nueces. Hornee en un horno precalentado a 190°C/375°F/nivel de gas 5 durante 45 minutos hasta que la masa esté firme al tacto. Dejar enfriar en el molde durante 10 minutos, luego colocar sobre la rejilla para que se enfríe por completo.

Tarta de dátiles y nueces

Para un pastel de 23 cm/9 pulgadas

300 ml/½ pt/1¼ taza de agua hirviendo

225g/8oz/11/3 tazas de dátiles, sin hueso (sin hueso) y picados

5 ml/1 cucharadita de bicarbonato de sodio

75 g/1/3 taza de mantequilla o margarina, blanda

225 g/8 oz/1 taza de azúcar fina

1 huevo batido

275 g/10 oz/2½ tazas de harina (para todo uso)

Pizca de sal

2,5 ml/½ cucharadita de polvo de hornear

50g/2oz/½ taza de nueces picadas

Para la cobertura:
50 g/2 oz/¼ taza de azúcar moreno blando

25 g/2 cucharadas de mantequilla o margarina

30 ml/2 cucharadas de leche

Unas mitades de nuez para decorar

Vierta el agua, los dátiles y el bicarbonato de sodio en un bol y déjelo reposar durante 5 minutos. Batir la mantequilla o la margarina con el azúcar hasta que esté blanda, luego mezclar el huevo con el agua y los dátiles. Mezcle la harina, la sal y el polvo de hornear, luego mezcle las nueces. Conviértalo en un molde desmontable de 23 cm/9 engrasado y forrado y hornee en un horno precalentado a 180 °C/350 °F/nivel de gas 4 durante 1 hora hasta que esté firme. Enfriar en la rejilla.

Para hacer el glaseado, mezcle el azúcar, la mantequilla y la leche hasta que quede suave. Pincelar el bizcocho y decorar con mitades de nuez.

pastel de limón

Para un pastel de 20 cm/8 pulgadas

175 g/6 oz/¾ taza de mantequilla o margarina, blanda

175 g/6 oz/¾ taza (muy fina) de azúcar

2 huevos batidos

225 g/8 oz/2 tazas de harina leudante (autoleudante)

Zumo y ralladura de 1 limón

60 ml/4 cucharadas de leche

Batir la mantequilla o margarina y 100 g/½ taza de azúcar juntos. Agregue los huevos poco a poco, luego agregue la harina y la ralladura de limón. Agregue suficiente leche para obtener una textura suave. Convierta la mezcla en una bandeja para hornear de 20 cm / 8 engrasada y forrada y hornee en un horno precalentado a 180 ° C / 350 ° F / marca de gas 4 durante 1 hora hasta que se levante y se dore. Disuelva el azúcar restante en el jugo de limón. Pinchar la torta caliente con un tenedor y verter sobre la mezcla de jugo. Dejar enfriar.

bizcocho de naranja y almendras

Para un pastel de 20 cm/8 pulgadas

4 huevos, separados

100 g / 4 oz / ½ taza de azúcar en polvo

ralladura de 1 naranja

50g/2oz/½ taza de almendras, finamente picadas

50g/2oz/½ taza de almendras molidas

Para el almíbar:

100 g / 4 oz / ½ taza de azúcar en polvo

300 ml/½ pt/1¼ taza de jugo de naranja

15 ml/1 cucharada de licor de naranja (opcional)

1 rama de canela

Batir las yemas de huevo, el azúcar, la piel de naranja, las almendras y la almendra molida. Batir las claras de huevo a punto de nieve, luego agregar a la mezcla. Vierta en un molde desmontable de 20 cm/8 engrasado y enharinado en un molde (bandeja) de fondo suelto y hornee en un horno precalentado a 180 °C/350 °F/nivel de gas 4 durante 45 minutos hasta que esté firme al tacto. Pinchar con una brocheta y dejar enfriar.

Mientras tanto, disuelva el azúcar en el jugo de naranja y el licor, si lo usa, a fuego lento con una rama de canela, revolviendo ocasionalmente. Llevar a ebullición y cocinar hasta obtener un almíbar fino. Desecha la canela. Vierta el almíbar tibio sobre el pastel y déjelo en remojo.

pastel de avena

Para una torta de 900g/2lb

100g/4oz/1 taza de avena

300 ml/½ pt/1¼ taza de agua hirviendo

100 g/4 oz/½ taza de mantequilla o margarina, blanda

225 g/8 oz/1 taza de azúcar morena blanda

225 g/8 oz/1 taza de azúcar fina

2 huevos, ligeramente batidos

175 g/6 oz/1½ taza de harina normal (para todo uso)

10 ml/2 cucharaditas de polvo de hornear

5 ml/1 cucharadita de bicarbonato de sodio

5 ml/1 cucharadita de canela molida

Remoje la avena en agua hirviendo. Batir la mantequilla o la margarina y los azúcares hasta que estén suaves y esponjosos. Batir los huevos poco a poco, luego agregar la harina, el polvo de hornear, el bicarbonato de sodio y la canela. Finalmente, agregue la mezcla de avena y mezcle hasta que esté bien combinado. Coloque con una cuchara en una hogaza de 900 g/2 lb engrasada y forrada y hornee en un horno precalentado a 180 °C/350 °F/Marca de gas 4 durante aproximadamente 1 hora, hasta que esté firme al tacto.

Pastel de mandarina congelado y picante

Para un pastel de 20 cm/8 pulgadas

175 g/6 oz/3/4 taza de margarina en un recipiente blando

250 g/9 oz/pesada 1 taza de azúcar fina (extra fina)

225 g/8 oz/2 tazas de harina leudante (autoleudante)

5 ml/1 cucharadita de polvo de hornear

3 huevos

Ralladura finamente rallada y jugo de 1 naranja pequeña

300 g/11 oz/1 lata mediana de mandarinas bien escurridas

ralladura finamente rallada y jugo de 1/2 limón

Mezcle la margarina, 175 g/3/4 taza de azúcar, la harina, el polvo para hornear, los huevos, la ralladura de naranja y el jugo en un procesador de alimentos o bata con una batidora eléctrica hasta que quede suave. Picar las mandarinas en trozos grandes y doblar. Vierta en un molde para pastel (bandeja) de 20 cm / 8 pulgadas engrasado y forrado. Alise la superficie. Hornea en el horno precalentado a 180°C/350°F/Gas 4 por 1 hora 10 minutos o hasta que al insertar un palillo en el centro, éste salga limpio. Enfriar durante 5 minutos, luego retirar del molde y colocar sobre la rejilla. Mientras tanto, mezcle el azúcar restante con la ralladura de limón y el jugo hasta formar una pasta. Extender por encima y dejar enfriar.

pastel de naranja

Para un pastel de 20 cm/8 pulgadas

175 g/6 oz/¾ taza de mantequilla o margarina, blanda

175 g/6 oz/¾ taza (muy fina) de azúcar

2 huevos batidos

225 g/8 oz/2 tazas de harina leudante (autoleudante)

Zumo y ralladura de 1 naranja

60 ml/4 cucharadas de leche

Batir la mantequilla o margarina y 100 g/½ taza de azúcar juntos. Agregar los huevos poco a poco, luego agregar la harina y la ralladura de naranja. Agregue suficiente leche para obtener una textura suave. Convierta la mezcla en una bandeja para hornear de 20 cm / 8 engrasada y forrada y hornee en un horno precalentado a 180 ° C / 350 ° F / marca de gas 4 durante 1 hora hasta que suba y se dore. Disuelva el azúcar restante en el jugo de naranja. Pinchar la torta caliente con un tenedor y verter sobre la mezcla de jugo. Dejar enfriar.

Pastel de durazno

Para un pastel de 23 cm/9 pulgadas

100 g/4 oz/½ taza de mantequilla o margarina, blanda

225 g/8 oz/1 taza de azúcar fina

3 huevos, separados

450 g/1 lb/4 tazas de harina normal (para todo uso)

Pizca de sal

5 ml/1 cucharadita de bicarbonato de sodio

120ml/4oz/½ taza de leche

225g/8oz/2/3 taza de mermelada de durazno (enlatado)

Batir la mantequilla o margarina y el azúcar. Poco a poco batir las yemas, luego agregar la harina y la sal. Mezcla el bicarbonato de sodio con la leche, luego mézclalo con la masa y luego con la mermelada. Batir las claras de huevo a punto de nieve, luego agregar a la mezcla. Con una cuchara, coloque en dos moldes para pastel (bandejas) de 23 cm/9 engrasados y forrados y hornee en un horno precalentado a 180 °C/350 °F/nivel de gas 4 durante 25 minutos hasta que esté bien levantado y elástico al tacto.

Pastel De Naranja Y Marsala

Para un pastel de 23 cm/9 pulgadas

175g/6oz/1 taza de sultanas (pasas doradas)

120ml/4oz/½ taza Marsala

175 g/6 oz/¾ taza de mantequilla o margarina, blanda

100 g/4 oz/½ taza de azúcar morena suave

225 g/8 oz/1 taza de azúcar fina

3 huevos, ligeramente batidos

ralladura finamente rallada de 1 naranja

5 ml/1 cucharadita de agua de azahar

275 g/10 oz/2½ tazas de harina (para todo uso)

10 ml/2 cucharaditas de bicarbonato de sodio

Pizca de sal

375 ml/13 fl oz/1½ taza de suero de leche

Cobertura de licor de naranja

Remoje las sultanas en Marsala durante la noche.

Batir la mantequilla o la margarina y los azúcares hasta que estén suaves y esponjosos. Batir los huevos poco a poco, luego agregar la ralladura de naranja y el agua de azahar. Agregue la harina, el bicarbonato de sodio y la sal, alternando con el suero de leche. Agregue pasas sultanas empapadas y marsala. Con una cuchara, coloque en dos moldes para pasteles de 23 cm/9 engrasados y forrados y hornee en un horno precalentado a 180 °C/350 °F/nivel de gas 4 durante 35 minutos hasta que estén elásticos al tacto y comiencen a encogerse por los lados. de las latas Deje enfriar en los moldes durante 10 minutos, luego coloque sobre la rejilla para terminar de enfriar.

Doble los pasteles junto con la mitad del glaseado de licor de naranja, luego coloque el resto del glaseado encima.

Pastel de melocotón y pera

Para un pastel de 23 cm/9 pulgadas

175 g/6 oz/¾ taza de mantequilla o margarina, blanda

150 g / 5 oz / 2/3 taza de azúcar en polvo

2 huevos, ligeramente batidos

75 g de harina integral (entera)

75 g de harina de trigo (para todo uso)

10 ml/2 cucharaditas de polvo de hornear

15 ml/1 cucharada de leche

2 duraznos, sin hueso (sin semillas), pelados y picados

2 peras, peladas, sin corazón y picadas

30 ml/2 cucharadas de azúcar glas (de confitería), tamizada

Bate la mantequilla o la margarina con el azúcar hasta que quede suave y esponjosa. Poco a poco batir los huevos, luego agregar la harina y el polvo de hornear, agregando la leche hasta obtener la consistencia de gotas. Agregue duraznos y peras. Vierta la mezcla en un molde para pasteles de 23 cm / 9 engrasado y forrado y hornee en un horno precalentado a 190 ° C / 375 ° F / marca de gas 5 durante 1 hora, hasta que esté bien levantado y elástico al tacto. Dejar enfriar en el molde durante 10 minutos, luego colocar sobre la rejilla para que se enfríe por completo. Espolvorear con azúcar en polvo antes de servir.

Pastel húmedo de piña

Para un pastel de 20 cm/8 pulgadas

100g/4oz/½ taza de mantequilla o margarina

350 g/12 oz/2 tazas de mezclas de frutas secas (mezcla para pastel de frutas)

225 g/8 oz/1 taza de azúcar morena blanda

5 ml/1 cucharadita de mezcla de especias molidas (tarta de manzana)

5 ml/1 cucharadita de bicarbonato de sodio

425 g/15 oz/1 lata grande de piña triturada sin azúcar, escurrida

225 g/8 oz/2 tazas de harina leudante (autoleudante)

2 huevos batidos

Coloque todos los ingredientes excepto la harina y los huevos en la sartén y caliente suavemente hasta el punto de ebullición, revolviendo bien. Cocine uniformemente durante 3 minutos, luego deje que la mezcla se enfríe por completo. Agregue la harina, luego agregue gradualmente los huevos. Convierta la mezcla en una bandeja para hornear de 20 cm / 8 engrasada y forrada y hornee en un horno precalentado a 180 ° C / 350 ° F / marca de gas 4 durante 1½-1¾ horas hasta que esté bien levantado y firme al tacto. Enfriar en la lata.

Tarta de piña y cereza

Para un pastel de 20 cm/8 pulgadas

100 g/4 oz/½ taza de mantequilla o margarina, blanda

100 g/4 oz/1 taza de azúcar fina

2 huevos batidos

225 g/8 oz/2 tazas de harina leudante (autoleudante)

2,5 ml/½ cucharadita de polvo de hornear

2,5 ml/½ cucharadita de canela molida

175g/6oz/1 taza de sultanas (pasas doradas)

25 g/1 oz/2 cucharadas de cerezas (confitadas)

400 g/14 oz/1 lata grande de piña, escurrida y picada

30 ml/2 cucharadas de brandy o ron

Azúcar en polvo (de repostería), tamizada, para espolvorear

Bate la mantequilla o la margarina con el azúcar hasta que quede suave y esponjosa. Poco a poco batir los huevos, luego agregar la harina, el polvo de hornear y la canela. Mezcla suavemente el resto de los ingredientes. Vierta la mezcla en un molde para pasteles de 20 cm / 8 pulgadas engrasado y forrado y hornee en el horno precalentado a 160 ° C / 325 ° F / marca de gas 3 durante 1½ horas hasta que un palillo insertado en el centro salga limpio. Deje enfriar y sirva espolvoreado con azúcar en polvo.

Pastel de piña natal

Para un pastel de 23 cm/9 pulgadas

50g/2oz/¼ taza de mantequilla o margarina

100 g / 4 oz / ½ taza de azúcar en polvo

1 huevo, ligeramente batido

150g/5oz/1¼ taza de harina leudante (leudante)

Pizca de sal

120ml/4oz/½ taza de leche

Para la cobertura:

100 g de piña fresca o enlatada, rallada gruesa

1 manzana comestible (de postre), pelada, sin corazón y rallada gruesa

120ml/4oz/½ taza de jugo de naranja

15 ml/1 cucharada de jugo de limón

100 g / 4 oz / ½ taza de azúcar en polvo

5 ml/1 cucharadita de canela molida

Derrita la mantequilla o margarina, luego bata el azúcar y el huevo hasta que esté espumoso. Alternativamente con la leche, mezcle la harina y la sal en la masa. Coloque con una cuchara en un molde para pastel de 23 cm / 9 engrasado y forrado y hornee en el horno precalentado a 180 ° C / 350 ° F / marca de gas 4 durante 25 minutos hasta que estén dorados y elásticos.

Lleve a ebullición todos los ingredientes de la cobertura, luego cocine a fuego lento durante 10 minutos. Vierta sobre la masa tibia y cocine a la parrilla (hornee) hasta que la piña comience a dorarse. Enfriar antes de servir caliente o frío.

Piña al revés

Para un pastel de 20 cm/8 pulgadas

175 g/6 oz/¾ taza de mantequilla o margarina, blanda

175 g/6 oz/¾ taza de azúcar morena suave

400 g/14 oz/1 lata grande de rodajas de piña, jugo escurrido y reservado

4 cerezas glaseadas (confitadas), mitades

2 huevos

100 g/4 oz/1 taza de harina leudante (autoleudante)

Bate 75 g/1/3 taza de mantequilla o margarina con 75 g/3 oz/1/3 taza de azúcar hasta que quede suave y esponjoso y espárcelo en el fondo de un molde para pasteles engrasado de 20 cm/8 moldes. Coloque las rodajas de piña encima y espolvoree con las cerezas, con la parte redonda hacia abajo. Batir la mantequilla o margarina restante con el azúcar, luego batir los huevos poco a poco. Agregue la harina y 30 ml/2 cucharadas de jugo de piña reservado. Cubra con una cucharada de piña y hornee en un horno precalentado a 180 °C/350 °F/marca de gas 4 durante 45 minutos hasta que esté firme al tacto. Deje enfriar en el molde durante 5 minutos, luego retire con cuidado del molde y coloque sobre la rejilla para que se enfríe.

Pastel de piña y nuez

Para un pastel de 23 cm/9 pulgadas

225 g/8 oz/1 taza de mantequilla o margarina, blanda

225 g/8 oz/1 taza de azúcar fina

5 huevos

350 g/12 oz/3 tazas de harina (para todo uso)

100 g / 1 taza de nueces, picadas en trozos grandes

100 g/4 oz/2/3 taza de piña helada (confitada), picada

Algo de leche

Bate la mantequilla o la margarina con el azúcar hasta que quede suave y esponjosa. Poco a poco batir los huevos, luego agregar la harina, las nueces y la piña, agregando suficiente leche para obtener la consistencia de gotas. Vierta en un molde para pasteles de 23 cm / 9 engrasado y forrado y hornee en un horno precalentado a 150 ° C / 300 ° F / marca de gas 2 durante 1½ horas, hasta que un palillo insertado en el centro salga limpio.

pastel de frambuesa

Para un pastel de 20 cm/8 pulgadas

100 g/4 oz/½ taza de mantequilla o margarina, blanda

200 g/7 oz/pequeño 1 taza de azúcar fina

2 huevos, ligeramente batidos

250 ml/8 fl oz/1 taza de crema agria (láctea)

5 ml/1 cucharadita de esencia de vainilla (extracto)

250 g/9 oz/2¼ tazas de harina normal (para todo uso)

5 ml/1 cucharadita de polvo de hornear

5 ml/1 cucharadita de bicarbonato de sodio

5 ml/1 cucharadita de cacao en polvo (chocolate sin azúcar)

2,5 ml/½ cucharadita de sal

100 g de frambuesas congeladas frescas o descongeladas

Para la cobertura:
30 ml/2 cucharadas de azúcar fina (muy fina)

5 ml/1 cucharadita de canela molida

Batir la mantequilla o margarina y el azúcar. Batir poco a poco los huevos, luego la nata y la esencia de vainilla. Agregue la harina, el polvo de hornear, el bicarbonato de sodio, el cacao y la sal. Agregue frambuesas. Poner una cucharada en un molde para tarta (molde) engrasado con un diámetro de 20 cm/8. Mezcle el azúcar y la canela y espolvoree la parte superior del pastel. Hornea en el horno precalentado a 200°C/400°F/Gas 4 por 35 minutos, hasta que estén doradas y la brocheta en el centro salga limpia. Espolvorear con azúcar mezclada con canela.

Pastel de ruibarbo

Para un pastel de 20 cm/8 pulgadas

225 g/8 oz/2 tazas de harina integral (entera)

10 ml/2 cucharaditas de polvo de hornear

10 ml/2 cucharaditas de canela molida

45 ml/3 cucharadas de miel pura

175g/6oz/1 taza de sultanas (pasas doradas)

2 huevos

150 ml/¼ pt/2/3 taza de leche

225 g de ruibarbo picado

30 ml/2 cucharadas de azúcar demerara

Mezclar todos los ingredientes excepto el ruibarbo y el azúcar. Mezcle el ruibarbo y colóquelo en un molde desmontable de 20 cm/8 engrasado y enharinado. Espolvorear con azúcar. Hornee en un horno precalentado a 180°C/350°F/Gas 4 durante 45 minutos hasta que la masa esté firme. Dejar enfriar en la lata durante 10 minutos antes de desechar.

Tarta de ruibarbo y miel

Hace dos galletas de 450 g/1 lb

250 g/9 oz/2/3 taza de miel clara

120ml/4oz/½ taza de aceite

1 huevo, ligeramente batido

15 ml/1 cucharada de bicarbonato de sodio (bicarbonato de sodio)

150 ml/¼ pt/2/3 taza de yogur natural

75 ml/5 cucharadas de agua

350 g/12 oz/3 tazas de harina (para todo uso)

10 ml/2 cucharaditas de sal

350 g de ruibarbo, finamente picado

5 ml/1 cucharadita de esencia de vainilla (extracto)

50 g / 2 oz / ½ taza de nueces mixtas picadas

Para la cobertura:
75g/3oz/1/3 taza de azúcar moreno suave

5 ml/1 cucharadita de canela molida

15 ml/1 cucharada de mantequilla o margarina derretida

Mezclar la miel y el aceite, luego batir el huevo. Mezcla el bicarbonato de sodio con el yogur y el agua hasta que se disuelva. Mezclar la harina con la sal y añadir a la mezcla de miel alternando con el yogur. Agrega el ruibarbo, la esencia de vainilla y las nueces. Verter en dos moldes (bandejas) engrasados y forrados con un peso de 450 g/1 lb. Mezclar los ingredientes para la cobertura y espolvorear sobre las galletas. Hornee en un horno precalentado a 160°C/325°F/nivel de gas 3 durante 1 hora, hasta que esté firme al tacto y dorado por encima. Deje enfriar en los moldes durante 10 minutos, luego coloque sobre la rejilla para terminar de enfriar.

Pastel de remolacha

Para un pastel de 20 cm/8 pulgadas

250 g/9 oz/1¼ taza de harina normal (para todo uso)

15 ml/1 cucharada de polvo de hornear

5 ml/1 cucharadita de canela molida

Pizca de sal

150 ml/8 oz/1 taza de aceite

300 g/11 oz/11/3 tazas de azúcar fina

3 huevos, separados

150 g de remolacha cruda, pelada y rallada gruesa

150 g de zanahorias, ralladas gruesas

100 g / 4 oz / 1 taza de nueces mixtas picadas

Mezclar la harina, el polvo de hornear, la canela y la sal. Batir el aceite y el azúcar. Batir las yemas de huevo, la remolacha, las zanahorias y las nueces. Bate las claras de huevo a punto de nieve, luego usa una cuchara de metal para agregar a la mezcla. Vierta la mezcla en un molde desmontable de 20 cm/8 engrasado y forrado y hornee en el horno precalentado a 180 °C/350 °F/nivel de gas 4 durante 1 hora hasta que esté elástico al tacto.

Pastel de zanahoria y plátano

Para un pastel de 20 cm/8 pulgadas

175 g / 6 oz de zanahorias, ralladas

2 plátanos, machacados

75g/3oz/½ taza de sultanas (pasas doradas)

50 g / 2 oz / ½ taza de nueces mixtas picadas

175 g/6 oz/1½ taza de harina leudante

5 ml/1 cucharadita de polvo de hornear

5 ml/1 cucharadita de mezcla de especias molidas (tarta de manzana)

Zumo y ralladura de 1 naranja

2 huevos batidos

75g/3oz/1/2 taza de azúcar mascabado claro

100 ml/31/2 fl oz/paquete 1/2 taza de aceite de girasol

Mezclar todos los ingredientes hasta que estén bien combinados. Vierta en un molde desmontable de 20 cm / 8 engrasado y forrado y hornee en el horno precalentado a 180 ° C / 350 ° F / marca de gas 4 durante 1 hora, hasta que un palillo insertado en el centro salga limpio.

Tarta de zanahorias y manzana

Para un pastel de 23 cm/9 pulgadas

250 g/9 oz/2¼ tazas de harina leudante (autoleudante)

5 ml/1 cucharadita de bicarbonato de sodio

5 ml/1 cucharadita de canela molida

175 g/6 oz/¾ taza de azúcar morena suave

ralladura finamente rallada de 1 naranja

3 huevos

200 ml/7 fl oz/pequeño 1 taza de aceite

150 g (de postre) de manzanas peladas, sin corazón y ralladas

150 g / 5 oz de zanahorias, ralladas

100 g/2/3 taza de albaricoques secos listos para comer, picados

100 g / 1 taza de pecanas o nueces picadas

Mezcle la harina, el bicarbonato de sodio y la canela, luego agregue el azúcar y la ralladura de naranja. Bata los huevos en el aceite, luego mezcle la manzana, la zanahoria y dos tercios de los albaricoques y las nueces. Agrega la mezcla de harina y vierte con una cuchara en un molde para pastel (bandeja) engrasado y forrado de 23 cm/9 in. Espolvorea con los albaricoques picados restantes y las nueces. Hornee en un horno precalentado a 180°C/350°F/Gas 4 durante 30 minutos, hasta que esté elástico al tacto. Deje que se enfríe en la lata, luego colóquelo sobre la rejilla para que se enfríe por completo.

Tarta de zanahoria y canela

Para un pastel de 20 cm/8 pulgadas

100 g / 1 taza de harina integral (integral)

100 g/4 oz/1 taza de harina normal (para todo uso)

15 ml/1 cucharada de canela molida

5 ml/1 cucharadita de nuez moscada rallada

10 ml/2 cucharaditas de polvo de hornear

100g/4oz/½ taza de mantequilla o margarina

100g/4oz/1/3 taza de miel pura

100 g/4 oz/½ taza de azúcar morena suave

225 g / 8 oz de zanahorias, ralladas

En un tazón, mezcle la harina, la canela, la nuez moscada y el polvo de hornear. Derrita la mantequilla o margarina con miel y azúcar, luego mezcle con la harina. Agregue las zanahorias y mezcle bien. Con una cuchara, vierta en un molde desmontable de 20 cm/8 pulgadas engrasado y forrado y hornee en el horno precalentado a 160 °C/325 °F/nivel de gas 3 durante 1 hora, hasta que una brocheta centrada salga limpia. Dejar enfriar en el molde durante 10 minutos, luego colocar sobre la rejilla para que se enfríe por completo.

Pastel de zanahoria y calabacín

Para un pastel de 23 cm/9 pulgadas

2 huevos

175 g/6 oz/¾ taza de azúcar morena suave

100 g de zanahorias ralladas

50 g de calabacín rallado calabacín

75 ml/5 cucharadas de aceite

225 g/8 oz/2 tazas de harina leudante (autoleudante)

2,5 ml/½ cucharadita de polvo de hornear

5 ml/1 cucharadita de mezcla de especias molidas (tarta de manzana)

pastel de queso crema

Mezclar los huevos, el azúcar, las zanahorias, el calabacín y el aceite. Agregue la harina, el polvo de hornear y los condimentos mixtos y mezcle hasta obtener una masa suave. Vierta en un molde desmontable de 23 cm / 9 engrasado y forrado (bandeja) y hornee en el horno precalentado a 180 ° C / 350 ° F / marca de gas 4 durante 30 minutos, hasta que un palillo insertado en el centro salga limpio. Dejar enfriar, luego untar con cobertura de queso.

Tarta de zanahoria y jengibre

Para un pastel de 20 cm/8 pulgadas

175 g/6 oz/2/3 taza de mantequilla o margarina

100 g/4 oz/1/3 taza de jarabe de maíz dorado (ligero)

120ml/4oz/½ taza de agua

100 g/4 oz/½ taza de azúcar morena suave

150 g de zanahorias, ralladas gruesas

5 ml/1 cucharadita de bicarbonato de sodio

200 g/7 oz/1¾ taza de harina (para todo uso)

100 g/4 oz/1 taza de harina leudante (autoleudante)

5 ml/1 cucharadita de jengibre molido

Pizca de sal

Para la guinda (glaseado):
175 g/6 oz/1 taza de azúcar en polvo (de repostería), tamizada

5 ml/1 cucharadita de mantequilla o margarina, blanda

30 ml/2 cucharadas de jugo de limón

Derretir la mantequilla o la margarina con el almíbar, el agua y el azúcar, luego llevar a ebullición. Retire del fuego y agregue las zanahorias y el bicarbonato de sodio. Dejar enfriar. Mezcle la harina, el jengibre y la sal, vierta en un molde para pasteles engrasado y hornee en un horno precalentado a 180 °C/350 °F/nivel de gas 4 durante 45 minutos, hasta que esté esponjoso e hinchado. tocar. Sal y deja que se enfríe.

Mezcle azúcar en polvo con mantequilla o margarina y suficiente jugo de limón para hacer un glaseado cremoso. Corta el pastel por la mitad horizontalmente, luego usa la mitad del glaseado para unir el pastel y colocar el resto encima.

Tarta de zanahoria y nuez

Hace un pastel de 18 cm/7 pulgadas

2 huevos grandes, separados

150 g / 5 oz / 2/3 taza de azúcar en polvo

225 g / 8 oz de zanahorias, ralladas

150 g/5 oz/1¼ taza de nueces mixtas picadas

10 ml/2 cucharaditas de ralladura de limón

50 g/2 oz/½ taza de harina normal (para todo uso)

2,5 ml/½ cucharadita de polvo de hornear

Mezclar las yemas de huevo y el azúcar hasta obtener una consistencia espesa y cremosa. Agregue las zanahorias, las nueces y la ralladura de limón, agregue la harina y el polvo de hornear. Batir las claras de huevo hasta que se formen brochetas suaves, luego agregar a la mezcla. Transformar en un molde para pastel cuadrado de 19 cm/7 engrasado (sartén). Hornee en un horno precalentado a 180°C/350°F/Gas 4 durante 40-45 minutos hasta que un palillo insertado en el centro salga limpio.

Tarta de zanahoria, naranja y nuez

Para un pastel de 20 cm/8 pulgadas

100 g/4 oz/½ taza de mantequilla o margarina, blanda

100 g/4 oz/½ taza de azúcar morena suave

5 ml/1 cucharadita de canela molida

5 ml/1 cucharadita de piel de naranja rallada

2 huevos, ligeramente batidos

15 ml/1 cucharada de jugo de naranja

100 g de zanahoria rallada fina

50 g / 2 oz / ½ taza de nueces mixtas picadas

225 g/8 oz/2 tazas de harina leudante (autoleudante)

5 ml/1 cucharadita de polvo de hornear

Bate la mantequilla o margarina, el azúcar, la canela y la ralladura de naranja hasta que quede suave y esponjosa. Bata poco a poco los huevos y el jugo de naranja, luego agregue las zanahorias, las nueces, la harina y el polvo para hornear. Con una cuchara, vierta en un molde desmontable de 20 cm/8 pulgadas engrasado y forrado y hornee en el horno precalentado a 180 °C/350 °F/nivel de gas 4 durante 45 minutos hasta que esté elástico al tacto.

Tarta de zanahoria, piña y coco

A 25 cm/10 en la masa

3 huevos

350g/12oz/1½ tazas de azúcar fina

300 ml/½ pinta/1¼ taza de aceite

5 ml/1 cucharadita de esencia de vainilla (extracto)

225 g/8 oz/2 tazas de harina normal (para todo uso)

5 ml/1 cucharadita de bicarbonato de sodio

10 ml/2 cucharaditas de canela molida

5 ml/1 cucharadita de sal

225 g / 8 oz de zanahorias, ralladas

100 g de piña en lata, escurrida y triturada

100 g / 1 taza de coco seco (rallado)

100 g / 4 oz / 1 taza de nueces mixtas picadas

Azúcar en polvo (de repostería), tamizada, para espolvorear

Batir los huevos, el azúcar, el aceite y la esencia de vainilla. Mezcle la harina, el bicarbonato de sodio, la canela y la sal y bata gradualmente hasta que se combinen. Agrega las zanahorias, la piña, el coco y las nueces. Vierta en un molde desmontable de 25 cm/10 cm engrasado y enharinado y hornee en un horno precalentado a 160 °C/325 °F/nivel de gas 3 durante 1¼ horas hasta que un palillo central salga limpio. Dejar enfriar en el molde durante 10 minutos, luego colocar sobre la rejilla para que se enfríe por completo. Espolvorear con azúcar en polvo antes de servir.

Tarta de zanahoria y pistacho

Para un pastel de 23 cm/9 pulgadas

100 g/4 oz/½ taza de mantequilla o margarina, blanda

100 g / 4 oz / ½ taza de azúcar en polvo

2 huevos

225 g/8 oz/2 tazas de harina normal (para todo uso)

5 ml/1 cucharadita de bicarbonato de sodio

5 ml/1 cucharadita de cardamomo molido

225 g / 8 oz de zanahorias, ralladas

50 g/2 oz/½ taza de pistachos picados

50g/2oz/½ taza de almendras molidas

100g/4oz/2/3 taza de sultanas (pasas doradas)

Bate la mantequilla o la margarina con el azúcar hasta que quede suave y esponjosa. Poco a poco batir los huevos, batiendo bien después de cada adición, luego agregar la harina, el bicarbonato de sodio y el cardamomo. Agregue zanahorias, nueces, almendras molidas y pasas. Vierta la mezcla en un molde para pastel de 23 cm / 9 engrasado y forrado y hornee en el horno precalentado a 180 ° C / 350 ° F / Gas 4 durante 40 minutos hasta que esté bien alto, dorado y elástico al tacto.

Tarta de zanahoria y nuez

Para un pastel de 23 cm/9 pulgadas

200 ml/7 fl oz/pequeño 1 taza de aceite

4 huevos

225 g/8 oz/2/3 taza de miel clara

225 g/8 oz/2 tazas de harina integral (entera)

10 ml/2 cucharaditas de polvo de hornear

2,5 ml/½ cucharadita de bicarbonato de sodio (bicarbonato de sodio)

Pizca de sal

5 ml/1 cucharadita de esencia de vainilla (extracto)

175 g de zanahorias ralladas gruesas

175g/6oz/1 taza de pasas

100 g / 1 taza de nueces picadas finamente

Mezclar el aceite, los huevos y la miel. Mezcle gradualmente todos los demás ingredientes y bata hasta que estén bien combinados. Vierta en un molde desmontable de 23 cm/9 engrasado y enharinado en un molde para pasteles y hornee en un horno precalentado a 180 °C/350 °F/nivel de gas 4 durante 1 hora, hasta que un palillo insertado en el centro salga limpio.

Tarta de zanahoria especiada

Hace un pastel de 18 cm/7 pulgadas

175g/6oz/1 taza de dátiles

120ml/4oz/½ taza de agua

175 g/6 oz/¾ taza de mantequilla o margarina, blanda

2 huevos, ligeramente batidos

225 g/8 oz/2 tazas de harina leudante (autoleudante)

175 g de zanahoria rallada fina

25g/1oz/¼ taza de almendras molidas

ralladura de 1 naranja

2,5 ml/½ cucharadita de mezcla de especias molidas (pastel de manzana)

2,5 ml/½ cucharadita de canela molida

2,5 ml/½ cucharadita de jengibre molido

Para la guinda (glaseado):
350 g/12 oz/1½ taza de requesón

25 g/2 cucharadas de mantequilla o margarina blanda

ralladura de 1 naranja

Coloque los dátiles y el agua en una cacerola pequeña, hierva y cocine durante 10 minutos hasta que estén tiernos. Retire y deseche los huesos, luego pique finamente los dátiles. Mezcle los dátiles y el líquido, la mantequilla o margarina y los huevos hasta que quede cremoso. Dobla todos los demás ingredientes de la masa. Vierta la mezcla en un molde para pasteles de 18 cm / 7 engrasado y forrado y hornee en un horno precalentado a 180 ° C / 350 ° F / marca de gas 4 durante 1 hora, hasta que un palillo insertado en el centro salga limpio. Dejar enfriar en el molde durante 10 minutos, luego colocar sobre la rejilla para que se enfríe por completo.

Para hacer el betún, bate todos los ingredientes hasta obtener una consistencia untable, agregando un poco más de jugo de naranja o agua si es necesario. Cortar el bizcocho por la mitad en sentido horizontal, juntar las capas con la mitad del glaseado y poner el resto encima.

Tarta de zanahoria y azúcar moreno

Hace un pastel de 18 cm/7 pulgadas

5 huevos, separados

200 g/7 oz/menos 1 taza de azúcar morena suave

15 ml/1 cucharada de jugo de limón

300 g/10 oz de zanahorias, ralladas

225 g/8 oz/2 tazas de almendras molidas

25 g/1 oz/¼ taza de harina integral (entera)

5 ml/1 cucharadita de canela molida

25 g/2 cucharadas de mantequilla o margarina derretida

25 g/1 oz/2 cucharadas de azúcar fina (muy fina)

30 ml/2 cucharadas de crema única (ligera)

75g/3oz/¾ taza de nueces mixtas picadas

Bate las yemas de huevo hasta que estén espumosas, agrega el azúcar hasta que quede suave, luego agrega el jugo de limón. Agregue un tercio de las zanahorias, luego un tercio de las almendras y continúe así hasta que estén todos combinados. Agrega la harina y la canela. Bate las claras de huevo a punto de nieve, luego incorpóralas a la masa con una cuchara de metal. Conviértalo en un molde para pasteles de 18 cm/7 de profundidad engrasado y forrado y hornee en un horno precalentado a 180 °C/350 °F/nivel de gas 4 durante 1 hora. Cubra el pastel sin apretar con papel para hornear (encerado) y reduzca la temperatura del horno a 160°C / 325°F / marca de gas 3 durante otros 15 minutos, o hasta que el pastel se encoja un poco de los lados del molde y el centro aún esté húmedo. . Dejar la torta en el molde hasta que se caliente, luego desmoldar para terminar de enfriar.

Combine la mantequilla o margarina derretida, el azúcar, la crema y las nueces, vierta sobre la masa y cocine en una parrilla mediana (asador) hasta que estén doradas.

Tarta de calabacín y tuétano

Para un pastel de 20 cm/8 pulgadas

225 g/8 oz/1 taza de azúcar fina

2 huevos batidos

120ml/4oz/½ taza de aceite

100 g/4 oz/1 taza de harina normal (para todo uso)

5 ml/1 cucharadita de polvo de hornear

2,5 ml/½ cucharadita de bicarbonato de sodio (bicarbonato de sodio)

2,5 ml/½ cucharadita de sal

100 g de calabacín rallado

100 g piña triturada

50g/2oz/½ taza de nueces picadas

5 ml/1 cucharadita de esencia de vainilla (extracto)

Bate el azúcar y los huevos hasta que estén suaves y bien mezclados. Agregue el aceite, luego los ingredientes secos. Agrega el calabacín, la piña, las nueces y la esencia de vainilla. Vierta en un molde desmontable de 20 cm/8 engrasado y enharinado y hornee en un horno precalentado a 180 °C/350 °F/nivel de gas 4 durante 1 hora, hasta que un palillo central salga limpio. Deje enfriar en el molde durante 30 minutos, luego coloque sobre la rejilla para terminar de enfriar.

Tarta de calabacín y naranja

A 25 cm/10 en la masa

225 g/8 oz/1 taza de mantequilla o margarina, blanda

450 g/2 tazas de azúcar morena blanda

4 huevos, ligeramente batidos

275 g/10 oz/2½ tazas de harina (para todo uso)

15 ml/1 cucharada de polvo de hornear

2,5 ml/½ cucharadita de sal

5 ml/1 cucharadita de canela molida

2,5 ml/½ cucharadita de nuez moscada rallada

Una pizca de clavo molido

Ralladura rallada y jugo de 1 naranja

225 g/8 oz/2 tazas de calabacín (calabacín), rallado

Bate la mantequilla o la margarina con el azúcar hasta que quede suave y esponjosa. Poco a poco batir los huevos, luego agregar la harina, el polvo para hornear, la sal y las especias alternando con la cáscara de naranja y el jugo. Agregue calabacín. Vierta en un molde desmontable de 25 cm/10 engrasado y forrado y hornee en el horno precalentado a 180 °C/350 °F/nivel de gas 4 durante 1 hora, hasta que esté dorado y elástico al tacto. Si la parte superior comienza a dorarse hacia el final de la cocción, cubra con papel de hornear (encerado).

Pastel de calabacín especiado

A 25 cm/10 en la masa

350 g/12 oz/3 tazas de harina (para todo uso)

10 ml/2 cucharaditas de polvo de hornear

7,5 ml/1½ cucharadita de canela molida

5 ml/1 cucharadita de bicarbonato de sodio

2,5 ml/½ cucharadita de sal

8 claras de huevo

450 g/1 libra/2 tazas de azúcar en polvo

100 g / 1 taza de puré de manzana (salsa)

120ml/4oz/½ taza de suero de leche

15 ml/1 cucharada de esencia de vainilla (extracto)

5 ml/1 cucharadita de piel de naranja finamente rallada

350 g / 3 tazas de calabacín (zucchini), rallado

75g/3oz/¾ taza de nueces picadas

Para la cobertura:

100 g/4 oz/½ taza de queso crema

25 g/2 cucharadas de mantequilla o margarina blanda

5 ml/1 cucharadita de piel de naranja finamente rallada

10 ml/2 cucharaditas de jugo de naranja

350 g/12 oz/2 tazas de azúcar en polvo (de repostería), tamizada

Mezclar los ingredientes secos. Batir las claras de huevo hasta que formen picos suaves. Agregue lentamente el azúcar, luego el puré de manzana, el suero de leche, la esencia de vainilla y la ralladura de naranja. Agregue la harina, luego el calabacín y las nueces.

Vierta en un molde desmontable de 25 cm/10 cm engrasado y enharinado y hornee en el horno precalentado a 150 °C/300 °F/Gas 2 durante 1 hora hasta que al insertar un palillo en el centro salga limpio. Dejar enfriar en el molde.

Mezcle todos los ingredientes de la cobertura hasta que quede suave, agregando suficiente azúcar para lograr una consistencia untable. Extender sobre la masa fría.

pastel de calabaza

Para una tarta de 23 x 33 cm/9 x 13 cm

450 g/1 libra/2 tazas de azúcar en polvo

4 huevos batidos

375 ml/13 fl oz/1½ taza de aceite

350 g/12 oz/3 tazas de harina (para todo uso)

15 ml/1 cucharada de polvo de hornear

10 ml/2 cucharaditas de bicarbonato de sodio

10 ml/2 cucharaditas de canela molida

2,5 ml/½ cucharadita de jengibre molido

Pizca de sal

225 g/8 oz de calabaza cocida en cubitos

100 g / 1 taza de nueces picadas

Bate el azúcar y los huevos hasta que estén bien combinados, luego bate el aceite. Mezclar el resto de los ingredientes. Vierta en una bandeja para hornear de 23 x 33 cm/9 x 13 engrasada y enharinada y hornee en un horno precalentado a 180 °C/350 °F/nivel de gas 4 durante 1 hora, hasta que el centro de la brocheta salga limpio.

pastel de frutas de calabaza

Para un pastel de 20 cm/8 pulgadas

100 g/4 oz/½ taza de mantequilla o margarina, blanda

150g/5oz/2/3 taza de azúcar morena suave

2 huevos, ligeramente batidos

225 g / 8 oz calabaza cocida en frío

30 ml/2 cucharadas de jarabe de maíz dorado (ligero)

225 g/8 oz 1/1/3 taza de mezclas de frutas secas (mezcla para pastel de frutas)

225 g/8 oz/2 tazas de harina leudante (autoleudante)

50g/2oz/½ taza de salvado

Bate la mantequilla o la margarina con el azúcar hasta que quede suave y esponjosa. Poco a poco batir los huevos, luego agregar el resto de los ingredientes. Vierta en un molde desmontable de 20 cm / 8 engrasado y forrado (bandeja) y hornee en el horno precalentado a 160 ° C / 325 ° F / marca de gas 3 durante 1¼ horas hasta que un palillo insertado en el centro salga limpio.

Rollo de calabaza sazonada

un rollo 30cm/12

75 g de harina de trigo (para todo uso)

5 ml/1 cucharadita de bicarbonato de sodio

5 ml/1 cucharadita de jengibre molido

2,5 ml/½ cucharadita de nuez moscada rallada

10 ml/2 cucharaditas de canela molida

Pizca de sal

1 huevo

225 g/8 oz/1 taza de azúcar fina

100 g de calabaza hervida, cortada en cubitos

5 ml/1 cucharadita de jugo de limón

4 claras de huevo

50g/2oz/½ taza de nueces picadas

50 g/2 oz/1/3 taza de azúcar en polvo (de repostería), tamizada

Para el llenado:
175 g/6 oz/1 taza de azúcar en polvo (de repostería), tamizada

100 g/4 oz/½ taza de queso crema

2,5 ml/½ cucharadita de esencia de vainilla (extracto)

Mezclar la harina, el bicarbonato de sodio, las especias y la sal. Bate el huevo hasta que esté espeso y pálido, luego bate el azúcar hasta que esté pálido y cremoso. Agregue la calabaza y el jugo de limón. Agregue la mezcla de harina. En un recipiente limpio, bata las claras de huevo hasta que estén firmes. Poner en la masa y extender en forma de rollo de 30 x 12 cm/12 x 8 engrasada y forrada (molde para gelatina) y espolvorear con nueces. Hornee en un horno precalentado a 190°C/375°F/Gas 5 durante 10 minutos hasta que esté elástico al tacto. Tamizar el azúcar impalpable sobre un paño limpio (paño de cocina) y colocar la masa sobre una toalla. Retire el papel de revestimiento y enrolle el pastel y la toalla, luego deje que se enfríe.

Para hacer el relleno, bate poco a poco el azúcar con el queso crema y la esencia de vainilla hasta tener una mezcla untable. Desenrollar la masa y extender el relleno por encima. Enrolle de nuevo y enfríe antes de servir, espolvoreado con un poco de azúcar en polvo.

Pastel de ruibarbo y miel

Hace dos galletas de 450 g/1 lb

250g/9oz/¾ taza de miel pura

100ml/4oz/½ taza de aceite

1 huevo

5 ml/1 cucharadita de bicarbonato de sodio

60 ml/4 cucharadas de agua

350 g / 3 tazas de harina integral (integral)

10 ml/2 cucharaditas de sal

350 g de ruibarbo, finamente picado

5 ml/1 cucharadita de esencia de vainilla (extracto)

50 g/2 oz/½ taza de nueces mixtas picadas (opcional)

Para la cobertura:

75g/3oz/1/3 taza de azúcar mascabado

5 ml/1 cucharadita de canela molida

15 g/½ oz/1 cucharada de mantequilla o margarina, blanda

Mezcla miel y aceite. Añadir el huevo y batir bien. Agregue el bicarbonato de sodio al agua y deje que se disuelva. Mezclar la harina y la sal. Agregar a la mezcla de miel alternando con el bicarbonato de la mezcla de soda. Agregue ruibarbo, esencia de vainilla y nueces, si las usa. Vierta en dos moldes (bandejas) engrasados con un peso de 450 g, mezcle los ingredientes de la cobertura y extiéndalos sobre la masa de la torta. Hornee en un horno precalentado a 180°C/350°F/Gas 4 durante 1 hora, hasta que esté elástico al tacto.

pastel de patata dulce

Para un pastel de 23 cm/9 pulgadas

300 g/11 oz/2¾ tazas de harina (para todo uso)

15 ml/1 cucharada de polvo de hornear

5 ml/1 cucharadita de canela molida

5 ml/1 cucharadita de nuez moscada rallada

Pizca de sal

350 g/12 oz/1 taza de azúcar (muy fina)

375 ml/13 fl oz/1½ taza de aceite

60 ml/4 cucharadas de agua hervida

4 huevos, separados

225g / 8oz batatas, peladas y ralladas gruesas

100 g / 4 oz / 1 taza de nueces mixtas picadas

5 ml/1 cucharadita de esencia de vainilla (extracto)

Para la guinda (glaseado):

225 g/8 oz/11/3 tazas de azúcar en polvo (de repostería), tamizada

50 g/2 oz/¼ taza de mantequilla o margarina, blanda

250g/9oz/1 Queso Crema Mediano

50 g / 2 oz / ½ taza de nueces mixtas picadas

Una pizca de canela molida para espolvorear

Mezclar la harina, el polvo de hornear, la canela, la nuez moscada y la sal. Bate el azúcar y el aceite, luego agrega agua hirviendo y bate hasta que estén bien combinados. Agregue las yemas de huevo y la mezcla de harina y mezcle hasta que estén bien combinados. Agrega las batatas, las nueces y la esencia de vainilla. Batir las claras de huevo a punto de nieve, luego agregar a la mezcla.

Coloque con una cuchara en dos moldes de 23 cm/9 engrasados y enharinados y hornee en un horno precalentado a 180 °C/350 °F/nivel de gas 4 durante 40 minutos hasta que esté elástico al tacto. Deje enfriar en los moldes durante 5 minutos, luego coloque sobre la rejilla para terminar de enfriar.

Mezcle azúcar en polvo, mantequilla o margarina y la mitad del queso crema. Extienda la mitad del queso restante en un pastel, luego úntelo con el glaseado. Pasar las galletas juntas. Extienda el queso crema restante encima y espolvoree con nueces y canela antes de servir.

Tarta Italiana De Almendras

Para un pastel de 20 cm/8 pulgadas

1 huevo

150 ml/¼ pt/2/3 taza de leche

2,5 ml/½ cucharadita de esencia de almendras (extracto)

45 ml/3 cucharadas de mantequilla, derretida

350 g/12 oz/3 tazas de harina (para todo uso)

100 g / 4 oz / ½ taza de azúcar en polvo

10 ml/2 cucharaditas de polvo de hornear

2,5 ml/½ cucharadita de sal

1 clara de huevo

100 g/1 taza de almendras picadas

Bate el huevo en un bol, luego agrega poco a poco la leche, la esencia de almendras y la mantequilla derretida, batiendo todo el tiempo. Agregue la harina, el azúcar, el polvo de hornear y la sal y continúe mezclando hasta que quede suave. Introducir una cuchara en un molde desmontable (bandeja) de 20 cm/8 in engrasado y forrado. Bate las claras de huevo hasta que estén espumosas, luego cepilla generosamente la parte superior del pastel y espolvorea con las almendras. Hornee en el horno a 220°C/425°F/nivel de gas 7 durante 25 minutos, hasta que esté dorado y elástico al tacto.

Tarta de almendras y café

Para un pastel de 23 cm/9 pulgadas

8 huevos, separados

175 g/6 oz/¾ taza (muy fina) de azúcar

60 ml/4 cucharadas de café negro fuerte

175g/6oz/1½ taza de almendras molidas

45 ml/3 cucharadas de sémola (crema de trigo)

100 g/4 oz/1 taza de harina normal (para todo uso)

Batir las yemas de huevo y el azúcar hasta que estén muy espesas y cremosas. Agregue el café, las almendras molidas y la sémola y bata bien. Agregue la harina. Batir las claras de huevo a punto de nieve, luego agregar a la mezcla. Con una cuchara, coloque en un molde para pastel (bandeja) engrasado de 23 cm/9 pulgadas y hornee en un horno precalentado a 180 °C/350 °F/nivel de gas 4 durante 45 minutos hasta que esté elástico al tacto.

Tarta de almendras y miel

Para un pastel de 20 cm/8 pulgadas

225 g / 8 oz de zanahorias, ralladas

75 g de almendras picadas

2 huevos batidos

100ml/4oz/½ taza de miel pura

60 ml/4 cucharadas de aceite

150 ml/¼ pt/2/3 taza de leche

150g/5oz/1¼ taza de harina integral (entera)

10 ml/2 cucharaditas de sal

10 ml/2 cucharaditas de bicarbonato de sodio

15 ml/1 cucharada de canela molida

Mezcla zanahorias y nueces. Batir los huevos con miel, aceite y leche, luego mezclar con las zanahorias. Mezcle la harina, la sal, el bicarbonato de sodio y la canela y mezcle con las zanahorias. Vierta la mezcla en un molde para pastel cuadrado de 20 cm / 8 engrasado y forrado y hornee en un horno precalentado a 150 ° C / 300 ° F / marca de gas 2 durante 1¾ horas hasta que un palillo central salga limpio. Dejar enfriar en la lata durante 10 minutos antes de desechar.

Tarta de almendras y limón

Para un pastel de 23 cm/9 pulgadas

25 g / 1 oz / ¼ taza de almendras en hojuelas (en rodajas)

100 g/4 oz/½ taza de mantequilla o margarina, blanda

100 g/4 oz/½ taza de azúcar morena suave

2 huevos batidos

100 g/4 oz/1 taza de harina leudante (autoleudante)

ralladura de 1 limón

Para el almíbar:
75g/3oz/1/3 taza (muy fina) de azúcar

45-60 ml/3-4 cucharadas de jugo de limón

Engrasar y forrar un molde desmontable de 23 cm/9 y espolvorear el fondo con almendras. Batir la mantequilla y el azúcar moreno. Batir los huevos uno por uno, luego agregar la harina y la ralladura de limón. Coloque la cuchara en el molde preparado y nivele la superficie. Hornee en un horno precalentado a 180°C/350°F/Gas 4 durante 20-25 minutos, hasta que esté bien levantado y elástico al tacto.

Mientras tanto, caliente el azúcar en polvo y el jugo de limón en una sartén, revolviendo ocasionalmente, hasta que el azúcar se disuelva. Retire el pastel del horno y déjelo enfriar durante 2 minutos, luego colóquelo boca abajo sobre la rejilla. Cuchara sobre el almíbar, luego déjelo a un lado para que se enfríe por completo.

Tarta de Almendras con Naranja

Para un pastel de 20 cm/8 pulgadas

225 g/8 oz/1 taza de mantequilla o margarina, blanda

225 g/8 oz/1 taza de azúcar fina

4 huevos, separados

225 g/8 oz/2 tazas de harina normal (para todo uso)

10 ml/2 cucharaditas de polvo de hornear

50g/2oz/½ taza de almendras molidas

5 ml/1 cucharadita de piel de naranja rallada

Bate la mantequilla o la margarina con el azúcar hasta que quede suave y esponjosa. Batir las yemas de huevo, agregar la harina, el polvo de hornear, la almendra molida y la piel de naranja. Bate las claras de huevo a punto de nieve, luego usa una cuchara de metal para agregar a la mezcla. Vierta en un molde desmontable de 20 cm / 8 engrasado y forrado y hornee en el horno precalentado a 180 ° C / 350 ° F / marca de gas 4 durante 1 hora, hasta que un palillo insertado en el centro salga limpio.

Tarta Rica De Almendras

Hace un pastel de 18 cm/7 pulgadas

100 g/4 oz/½ taza de mantequilla o margarina, blanda

150 g / 5 oz / 2/3 taza de azúcar en polvo

3 huevos, ligeramente batidos

75g/3oz/¾ taza de almendras molidas

50 g/2 oz/½ taza de harina normal (para todo uso)

Unas gotas de esencia de almendras (extracto)

Bate la mantequilla o la margarina con el azúcar hasta que quede suave y esponjosa. Batir los huevos poco a poco, luego agregar la almendra molida, la harina y la esencia de almendra. Coloque con una cuchara en un molde desmontable de 18 cm/7 engrasado y forrado y hornee en el horno precalentado a 180 °C/350 °F/nivel de gas 4 durante 45 minutos hasta que esté elástico al tacto.

Pastel Sueco De Macarrones

Para un pastel de 23 cm/9 pulgadas

100 g / 1 taza de almendras molidas

75 g/3 oz/1/3 taza de azúcar en polvo

5 ml/1 cucharadita de polvo de hornear

2 claras de huevo grandes, batidas

Mezclar las almendras, el azúcar y el polvo de hornear. Revuelva las claras de huevo hasta que la mezcla esté espesa y suave. Vierta en un sándwich (bandeja) de 23 cm/9 engrasado y forrado y hornee en un horno precalentado a 160 °C/325 °F/nivel de gas 3 durante 20-25 minutos hasta que suba y se dore. Retire del molde con mucho cuidado ya que la masa es frágil.

Pan de coco

Para un pan 450 g/1 lb

100 g/4 oz/1 taza de harina leudante (autoleudante)

225 g/8 oz/1 taza de azúcar fina

100 g / 1 taza de coco seco (rallado)

1 huevo

120ml/4oz/½ taza de leche

Pizca de sal

Mezcle bien todos los ingredientes y coloque con una cuchara en un molde para pan de 450 g engrasado y forrado. Hornee en un horno precalentado a 180 °C/350 °F/Gas 4 durante aproximadamente 1 hora, hasta que esté dorado y elástico al tacto.

tarta de coco

Para un pastel de 23 cm/9 pulgadas

75 g/1/3 taza de mantequilla o margarina

150 ml/¼ pt/2/3 taza de leche

2 huevos, ligeramente batidos

225 g/8 oz/1 taza de azúcar fina

150g/5oz/1¼ taza de harina leudante (leudante)

Pizca de sal

Para la cobertura:
100g/4oz/½ taza de mantequilla o margarina

75 g / 3 oz / ¾ taza de coco seco (rallado)

60 ml/4 cucharadas de miel pura

45 ml/3 cucharadas de leche

50 g/2 oz/¼ taza de azúcar moreno blando

Derrita la mantequilla o margarina en la leche, luego enfríe un poco. Bate los huevos con azúcar en polvo hasta que estén suaves y espumosos, luego bate la mezcla de mantequilla y leche. Mezcle la harina y la sal para hacer una mezcla bastante delgada. Vierta en un molde desmontable de 23 cm/9 engrasado y forrado (sartén) y hornee en el horno precalentado a 180 °C/350 °F/nivel de gas 4 durante 40 minutos hasta que estén doradas y elásticas al tacto.

Mientras tanto, hierve los ingredientes de la cobertura en una sartén. Retire el pastel tibio y colóquelo sobre la mezcla de cobertura. Coloque debajo de la parrilla caliente (asador) durante unos minutos hasta que el campo comience a dorarse.

Pastel de coco dorado

Para un pastel de 20 cm/8 pulgadas

100 g/4 oz/½ taza de mantequilla o margarina, blanda

200 g/7 oz/pequeño 1 taza de azúcar fina

200 g/7 oz/1¾ taza de harina (para todo uso)

10 ml/2 cucharaditas de polvo de hornear

Pizca de sal

175ml/6oz/¾ taza de leche

3 claras de huevo

Para el relleno y cobertura:
150 g / 5 oz / 1¼ taza de coco seco (rallado)

200 g/7 oz/pequeño 1 taza de azúcar fina

120ml/4oz/½ taza de leche

120ml/4oz/½ taza de agua

3 yemas

Bate la mantequilla o la margarina con el azúcar hasta que quede suave y esponjosa. Mezclar la harina, el polvo de hornear y la sal alternando con la leche y el agua hasta obtener una masa homogénea. Batir las claras de huevo a punto de nieve, luego agregar a la masa. Vierta la mezcla en dos moldes para pastel (bandejas) engrasados y hornee en un horno precalentado a 180 °C/350 °F/nivel de gas 4 durante 25 minutos hasta que esté elástico al tacto. Dejar enfriar.

En una cacerola pequeña, mezcle el coco, el azúcar, la leche y las yemas de huevo. Calentar a fuego suave durante unos minutos hasta que los huevos estén cocidos, revolviendo constantemente. Dejar enfriar. Dobla los pasteles junto con la mitad de la masa de coco, luego coloca el resto encima.

Tarta de coco

Para un pastel de 9 x 18 cm/3½ x 7

100 g/4 oz/½ taza de mantequilla o margarina, blanda

175 g/6 oz/¾ taza (muy fina) de azúcar

3 huevos

175 g/6 oz/1½ taza de harina normal (para todo uso)

5 ml/1 cucharadita de polvo de hornear

175g/6oz/1 taza de sultanas (pasas doradas)

120ml/4oz/½ taza de leche

6 bizcochos simples (cookies), triturados

100 g/4 oz/½ taza de azúcar morena suave

100 g / 1 taza de coco seco (rallado)

Bate la mantequilla o la margarina y el azúcar en polvo hasta que quede suave y esponjoso. Poco a poco batir dos huevos, luego agregar la harina, el polvo de hornear y las sultanas con leche alternativamente. Vierta la mitad de la mezcla en un pan engrasado y forrado de 450 g/1 lb. Mezclar el huevo restante con el rollo de galleta, el azúcar moreno y el coco y verter en el molde. Agregue una cucharada de la masa restante y hornee en un horno precalentado a 180°C/350°F/marca de gas 4 durante 1 hora. Deje enfriar en el molde durante 30 minutos, luego coloque sobre la rejilla para terminar de enfriar.

Pastel de limón y coco

Para un pastel de 20 cm/8 pulgadas

100 g/4 oz/½ taza de mantequilla o margarina, blanda

75g/3oz/1/3 taza de azúcar moreno suave

ralladura de 1 limón

1 huevo batido

Unas gotas de esencia de almendras (extracto)

350g/12oz/3 tazas de harina leudante (leudante)

60 ml/4 cucharadas de mermelada de frambuesa (enlatada)

Para la cobertura:

1 huevo batido

75g/3oz/1/3 taza de azúcar moreno suave

225 g/8 oz/2 tazas de coco seco (rallado)

Bate la mantequilla o margarina, el azúcar y la ralladura de limón hasta que quede suave y esponjoso. Batir poco a poco el huevo y la esencia de almendras, luego agregar la harina. Vierta la mezcla en un molde desmontable (bandeja) de 20 cm/8 engrasado y forrado. Poner mermelada en la mezcla. Mezclar los ingredientes de la cobertura y esparcir sobre la mezcla. Hornee en un horno precalentado a 180°C/350°F/Gas 4 durante 30 minutos, hasta que esté elástico al tacto. Dejar enfriar en el molde.

Pastel de coco de año nuevo

Hace un pastel de 18 cm/7 pulgadas

100 g/4 oz/½ taza de mantequilla o margarina, blanda

100 g / 4 oz / ½ taza de azúcar en polvo

2 huevos, ligeramente batidos

75 g de harina de trigo (para todo uso)

45 ml/3 cucharadas de coco seco (rallado)

30 ml/2 cucharadas de ron

Unas gotas de esencia de almendras (extracto)

Unas gotas de esencia de limón (extracto)

Batir la mantequilla y el azúcar hasta que esté suave y esponjoso. Poco a poco batir los huevos, luego agregar la harina y el coco. Agregar ron y esencias. Introducir una cuchara en un molde desmontable (bandeja) de 18 cm/7 engrasado y forrado y nivelar la superficie. Hornee en un horno precalentado a 190°C/375°F/marca de gas 5 durante 45 minutos, hasta que un palillo centrado salga limpio. Dejar enfriar en el molde.

Pastel Sultán De Coco

Para un pastel de 23 cm/9 pulgadas

100 g/4 oz/½ taza de mantequilla o margarina, blanda

175 g/6 oz/¾ taza (muy fina) de azúcar

2 huevos, ligeramente batidos

175 g/6 oz/1½ taza de harina normal (para todo uso)

5 ml/1 cucharadita de polvo de hornear

Pizca de sal

175g/6oz/1 taza de sultanas (pasas doradas)

120ml/4oz/½ taza de leche

Para el llenado:

1 huevo, ligeramente batido

50 g / 2 oz / ½ taza de migas de galleta simples (galletas)

100 g/4 oz/½ taza de azúcar morena suave

100 g / 1 taza de coco seco (rallado)

Bate la mantequilla o la margarina y el azúcar en polvo hasta que quede suave y esponjoso. Poco a poco agregue los huevos. Agrega la harina, el polvo para hornear, la sal y las sultanas con suficiente leche para obtener una textura suave como una gota. Transfiera la mitad de la masa a un molde desmontable (bandeja) de 23 cm/9 engrasado. Mezcle los ingredientes del relleno y vierta sobre la masa, luego cubra con la mezcla de masa restante. Hornee en un horno precalentado a 180°C/350°F/Gas 4 durante 1 hora, hasta que esté flexible al tacto y comience a encogerse por los lados del molde. Dejar enfriar en el molde antes de desechar.

Pastel De Maní Crujiente

Para un pastel de 23 cm/9 pulgadas

225 g/8 oz/1 taza de mantequilla o margarina, blanda

225 g/8 oz/1 taza de azúcar fina

2 huevos, ligeramente batidos

225 g/8 oz/2 tazas de harina normal (para todo uso)

2,5 ml/½ cucharadita de bicarbonato de sodio (bicarbonato de sodio)

2,5 ml/½ cucharadita de crema tártara

200 ml/7 fl oz/pequeño 1 taza de leche

Para la cobertura:

100 g / 4 oz / 1 taza de nueces mixtas picadas

100 g/4 oz/½ taza de azúcar morena suave

5 ml/1 cucharadita de canela molida

Bate la mantequilla o la margarina y el azúcar en polvo hasta que quede suave y esponjoso. Batir los huevos poco a poco, luego agregar la harina, el bicarbonato de sodio y la crema tártara alternando con la leche. Introducir la cuchara en un molde para tarta (bandeja) de 23 cm/9 engrasado y forrado. Mezcle las nueces, el azúcar moreno y la canela y espolvoree sobre la parte superior del pastel. Hornee en un horno precalentado a 180 °C/350 °F/Gas 4 durante 40 minutos, hasta que estén doradas y no se encojan de los lados de la fuente. Dejar enfriar en el molde durante 10 minutos, luego colocar sobre la rejilla para que se enfríe por completo.

Pastel de Maní Mixto

Para un pastel de 23 cm/9 pulgadas

100 g/4 oz/½ taza de mantequilla o margarina, blanda

225 g/8 oz/1 taza de azúcar fina

1 huevo batido

225 g/8 oz/2 tazas de harina leudante (autoleudante)

10 ml/2 cucharaditas de polvo de hornear

Pizca de sal

250ml/8oz/1 taza de leche

5 ml/1 cucharadita de esencia de vainilla (extracto)

2,5 ml/½ cucharadita de esencia de limón (extracto)

100 g / 4 oz / 1 taza de nueces mixtas picadas

Bate la mantequilla o la margarina con el azúcar hasta que quede suave y esponjosa. Batir el huevo poco a poco. Mezclar la harina, la levadura y la sal y añadir a la mezcla alternando con la leche y las esencias. Dobla las nueces. Con una cuchara, coloque en dos moldes para pasteles de 23 cm/9 engrasados y forrados y hornee en un horno precalentado a 180 °F/350 °F/nivel de gas 4 durante 40 minutos hasta que el palillo insertado en el centro salga limpio.

Torta griega de maní

A 25 cm/10 en la masa

100 g/4 oz/½ taza de mantequilla o margarina, blanda

225 g/8 oz/1 taza de azúcar fina

3 huevos, ligeramente batidos

250 g/9 oz/2¼ tazas de harina normal (para todo uso)

225g/8oz/2 tazas de nueces, molidas

10 ml/2 cucharaditas de polvo de hornear

5 ml/1 cucharadita de canela molida

1,5 ml/¼ de cucharadita de clavo molido

Pizca de sal

75 ml/5 cucharadas de leche

Para el jarabe de miel:

175 g/6 oz/¾ taza (muy fina) de azúcar

75g/3oz/¼ taza de miel pura

15 ml/1 cucharada de jugo de limón

250 ml/8 fl oz/1 taza de agua hirviendo

Bate la mantequilla o la margarina con el azúcar hasta que quede suave y esponjosa. Poco a poco batir los huevos, luego agregar la harina, las nueces, el polvo de hornear, las especias y la sal. Agregue la leche y mezcle hasta que quede suave. Vierta en un molde desmontable de 25 cm/10" engrasado y enharinado y hornee en un horno precalentado a 180 °C/350 °F/nivel de gas 4 durante 40 minutos hasta que esté flexible al tacto. Dejar enfriar en el molde durante 10 minutos, luego transferir a la rejilla.

Para hacer el almíbar, mezcle el azúcar, la miel, el jugo de limón y el agua y caliente hasta que se disuelva. Pinche la masa caliente con un tenedor, luego vierta una cucharada de jarabe de miel.

Pastel de Maní Congelado

Hace un pastel de 18 cm/7 pulgadas

100 g/4 oz/½ taza de mantequilla o margarina, blanda

100 g / 4 oz / ½ taza de azúcar en polvo

2 huevos, ligeramente batidos

100 g/4 oz/1 taza de harina leudante (autoleudante)

100 g / 1 taza de nueces picadas

Pizca de sal

Para la guinda (glaseado):
450 g/1 libra/2 tazas de azúcar en polvo

150 ml/¼ pt/2/3 tazas de agua

2 claras de huevo

Unas mitades de nuez para decorar

Bate la mantequilla o la margarina y el azúcar en polvo hasta que quede suave y esponjoso. Poco a poco batir los huevos, luego agregar la harina, las nueces y la sal. Reparta la mezcla en dos moldes para pasteles de 18 cm/7 engrasados y forrados y hornee en el horno precalentado a 180 °C/350 °F/Gas 4 durante 25 minutos hasta que suba bien y esté elástico al tacto. Dejar enfriar.

Disuelva el azúcar granulada en el agua a fuego lento, revolviendo constantemente, luego hierva y continúe cocinando sin revolver hasta que una gota de la mezcla forme una bola suave cuando se deja caer en el agua fría. Mientras tanto, bata las claras de huevo en un recipiente limpio hasta que estén firmes. Vierta el almíbar sobre la clara de huevo y bata hasta que la mezcla esté lo suficientemente espesa como para cubrir el dorso de una cuchara.

Coloque las galletas en capas con una capa de glaseado, luego extienda el resto sobre la parte superior y los lados del pastel y decore con mitades de nueces.

Tarta De Nueces Con Crema De Chocolate

Hace un pastel de 18 cm/7 pulgadas

3 huevos

75g/3oz/1/3 taza de azúcar moreno suave

50g/2oz/½ taza de harina integral (entera)

25 g / 1 oz / ¼ taza de cacao (chocolate sin azúcar) en polvo

Para la guinda (glaseado):
150g/5oz/1¼ taza de chocolate natural (semidulce)

225 g/8 oz/1 taza de queso crema bajo en grasa

45 ml/3 cucharadas de azúcar glas (de confitería), tamizada

75g/3oz/¾ taza de nueces picadas

15 ml/1 cucharada de brandy (opcional)

Tarta de chocolate para decorar

Batir los huevos con el azúcar moreno hasta que estén ligeros y espesos. Añadir la harina y el cacao. Vierta la mezcla en dos moldes para sándwich (sartenes) de 18 cm/7 engrasados y forrados y hornee en un horno precalentado a 190 °C/375 °F/nivel de gas 5 durante 15-20 minutos, hasta que se infle y esté elástico al tacto. Retirar de los moldes y dejar enfriar.

Derrita el chocolate en un recipiente resistente al calor colocado sobre una cacerola con agua hirviendo a fuego lento. Retire del fuego y agregue el queso crema y el azúcar en polvo, luego agregue nueces y brandy si lo usa. Apila las galletas junto con la mayor parte del relleno y pon el resto encima. Decorar con chocolate rallado.

Pastel de nueces con miel y canela

Para un pastel de 23 cm/9 pulgadas

225 g/8 oz/2 tazas de harina normal (para todo uso)

10 ml/2 cucharaditas de polvo de hornear

5 ml/1 cucharadita de bicarbonato de sodio

5 ml/1 cucharadita de canela molida

Pizca de sal

100 g/4 oz/1 taza de yogur natural

75 ml/5 cucharadas de aceite

100g/4oz/1/3 taza de miel pura

1 huevo, ligeramente batido

5 ml/1 cucharadita de esencia de vainilla (extracto)

Para el llenado:

50g/2oz/½ taza de nueces picadas

225 g/8 oz/1 taza de azúcar morena blanda

10 ml/2 cucharaditas de canela molida

30 ml/2 cucharadas de aceite

Mezclar los ingredientes secos para la masa y hacer un hueco en el centro. Mezclar el resto de los ingredientes de la masa y mezclar con los ingredientes secos. Mezclar los ingredientes para el relleno. Verter la mitad de la masa en un molde desmontable de 23 cm/9 engrasado y enharinado y espolvorear con la mitad del relleno. Agregue la masa de masa restante y luego el relleno restante. Hornee en un horno precalentado a 180°C/350°F/nivel de gas 4 durante 30 minutos, hasta que esté bien levantado y dorado y comience a encogerse por los lados de la fuente.

Barritas de Almendra y Miel

Hace 10

15 g de levadura fresca o 20 ml/4 cucharaditas de levadura seca

45 ml/3 cucharadas de azúcar en polvo (muy fina)

120ml/4oz/½ taza de leche tibia

300 g/11 oz/2¾ tazas de harina (para todo uso)

Pizca de sal

1 huevo, ligeramente batido

50 g/2 oz/¼ taza de mantequilla o margarina, blanda

300 ml/½ pt/1¼ taza de crema doble (pesada)

30 ml/2 cucharadas de azúcar glas (de confitería), tamizada

45 ml/3 cucharadas de miel pura

300 g/11 oz/2¾ tazas de almendras en hojuelas (en rodajas)

Mezcle la levadura, 5 ml/1 cucharadita de azúcar en polvo y un poco de leche y reserve en un lugar cálido durante 20 minutos hasta que esté espumoso. Mezclar el azúcar restante con la harina y la sal y hacer un hueco en el centro. Mezcle gradualmente el huevo, la mantequilla o la margarina, la mezcla de levadura y la leche tibia restante y mezcle hasta obtener una masa suave. Amasar sobre una superficie ligeramente enharinada hasta que quede suave y elástica. Colocar en un bol aceitado, cubrir con film transparente engrasado (papel aluminio) y reservar en un lugar cálido durante 45 minutos hasta que doble su tamaño.

Vuelva a amasar la masa, luego extiéndala y colóquela en un molde para pasteles de 30 x 20 cm/12 x 8 engrasado, pinche con un tenedor, cubra y deje en un lugar cálido durante 10 minutos.

Poner 120 ml de nata, azúcar en polvo y miel en un cazo pequeño y llevar a ebullición. Retire del fuego y mezcle las almendras. Extienda sobre la masa y hornee en horno precalentado a 200°C/400°F/Gas 6 durante 20 minutos hasta que esté dorada y elástica al tacto, cubra con papel de hornear (encerado) si la parte superior se dora demasiado antes de terminar la cocción. Sal y deja que se enfríe.

Cortar el bizcocho por la mitad horizontalmente. Batir la crema restante hasta que esté firme y extenderla sobre la mitad inferior del pastel. Encima, poner la mitad de la masa cubierta de almendras y cortar en barras.

Barritas de crumble con manzanas y grosella negra

hace 12

175 g/6 oz/1½ taza de harina normal (para todo uso)

5 ml/1 cucharadita de polvo de hornear

Pizca de sal

175 g/6 oz/¾ taza de mantequilla o margarina

225 g/8 oz/1 taza de azúcar morena blanda

100g/4oz/1 taza de avena

450 g/lb de manzanas cocidas (ácidas), peladas, sin corazón y rebanadas

30 ml/2 cucharadas de harina de maíz (harina de maíz)

10 ml/2 cucharaditas de canela molida

2,5 ml/½ cucharadita de nuez moscada rallada

2,5 ml/½ cucharadita de pimienta de Jamaica molida

225g/8oz Grosella negra

Mezcle la harina, el polvo de hornear y la sal, luego frote la mantequilla o la margarina. Agrega el azúcar y la avena. Ponga media cucharada en el fondo de un molde para pastel cuadrado de 25 cm / 9 engrasado y forrado. Mezcle las manzanas, la harina de maíz y las especias y cepille. Cubra con grosella negra. Vierta sobre la mezcla restante y nivele la parte superior. Hornee en un horno precalentado a 180°C/350°F/Gas 4 durante 30 minutos hasta que esté elástico. Dejar enfriar y luego cortar en palitos.

Barritas con albaricoques y avena

Hace 24

75g/3oz/½ taza de albaricoques secos

25 g/1 oz/3 cucharadas sultanas (pasas doradas)

250ml/8oz/1 taza de agua

5 ml/1 cucharadita de jugo de limón

150g/5oz/2/3 taza de azúcar morena suave

50 g / 2 oz / ½ taza de coco seco (rallado)

50 g/2 oz/½ taza de harina normal (para todo uso)

2,5 ml/½ cucharadita de bicarbonato de sodio (bicarbonato de sodio)

100g/4oz/1 taza de avena

50 g/2 oz/¼ taza de mantequilla derretida

Coloque los albaricoques, las sultanas, el agua, el jugo de limón y 30 ml/2 cucharadas de azúcar morena en una cacerola pequeña y revuelva a fuego lento hasta que espese. Incorporar el coco y dejar enfriar. Agregue la harina, el bicarbonato de sodio, la avena y el azúcar restante, luego incorpore la mantequilla derretida. Presione la mitad de la mezcla de avena en el fondo de un molde para hornear cuadrado de 20 cm / 8 engrasado y luego extienda la mezcla de albaricoque sobre la parte superior. Cubrir con la mezcla de avena restante y presionar ligeramente. Hornee en un horno precalentado a 180°C/350°F/Gas 4 durante 30 minutos hasta que estén doradas. Dejar enfriar y luego cortar en palitos.

patatas fritas de albaricoque

Hace 16

100g/4oz/2/3 taza de albaricoques secos listos para comer

120ml/4oz/½ taza de jugo de naranja

100g/4oz/½ taza de mantequilla o margarina

75 g de harina integral (entera)

75g/3oz/¾ taza de avena

75g/3oz/1/3 taza de azúcar demerara

Remoje los albaricoques en jugo de naranja durante al menos 30 minutos hasta que estén suaves, escúrralos y pique. Frote la mantequilla o la margarina en la harina hasta que la mezcla parezca pan rallado. Agrega la avena y el azúcar. Presionar la mitad de la mezcla en un molde de 30 x 20 cm/12 x 8 engrasado en forma de rollo (gelatina) y espolvorear con los albaricoques. Extienda la mezcla restante en la parte superior y presione hacia abajo suavemente. Hornee en un horno precalentado a 180°C/350°F/marca de gas 4 durante 25 minutos hasta que estén dorados. Dejar enfriar en el molde antes de desechar y cortar en barras.

Barras de plátano y maní

Hace alrededor de 14

50 g/2 oz/¼ taza de mantequilla o margarina, blanda

75 g/3 oz/1/3 taza (muy fina) o azúcar morena suave

2 plátanos grandes, picados

175 g/6 oz/1½ taza de harina normal (para todo uso)

7,5 ml/1½ cucharadita de levadura en polvo

2 huevos batidos

50 g / 2 oz / ½ taza de nueces, picadas en trozos grandes

Batir la mantequilla o margarina y el azúcar. Triture los plátanos y mezcle con la mezcla. Mezclar la harina y el polvo de hornear. Agrega la harina, los huevos y las nueces a la mezcla de plátano y bate bien. Vierta en un molde engrasado de 18x28cm/7x11, nivele la superficie y hornee en un horno precalentado a 160°C/325°F/nivel de gas 3 durante 30-35 minutos hasta que esté elástico al tacto. Deje enfriar en la lata durante unos minutos, luego colóquelo en la rejilla para terminar de enfriar. Cortar en unas 14 barras.

galletas americanas

hace unos 15

2 huevos grandes

225 g/8 oz/1 taza de azúcar fina

50g/2oz/¼ taza de mantequilla o margarina derretida

2,5 ml/½ cucharadita de esencia de vainilla (extracto)

75 g de harina de trigo (para todo uso)

45 ml/3 cucharadas de cacao en polvo (chocolate sin azúcar)

2,5 ml/½ cucharadita de polvo de hornear

Pizca de sal

50 g / 2 oz / ½ taza de nueces, picadas en trozos grandes

Mezcle los huevos con el azúcar hasta que estén espesos y cremosos. Batir la mantequilla y la esencia de vainilla. Tamizar la harina, el cacao, la levadura y la sal y mezclar con las nueces. Conviértalo en un molde para pastel cuadrado de 20 cm / 8 bien engrasado (sartén). Hornee en un horno precalentado a 180°C/350°F/Gas 4 durante 40-45 minutos, hasta que esté elástico al tacto. Déjelo en el molde durante 10 minutos, luego córtelo en cuadrados y transfiéralo a la rejilla mientras aún está caliente.

Pastel de chocolate

Hace alrededor de 16

225g/8oz/1 taza de mantequilla o margarina

175 g/6 oz/¾ taza de azúcar en polvo

350g/12oz/3 tazas de harina leudante (leudante)

30 ml/2 cucharadas de cacao en polvo (chocolate sin azúcar)

Para la guinda (glaseado):
175 g/6 oz/1 taza de azúcar en polvo (de repostería), tamizada

30 ml/2 cucharadas de cacao en polvo (chocolate sin azúcar)

Agua hirviendo

Derrita la mantequilla o margarina, luego agregue azúcar granulada. Añadir la harina y el cacao. Presione en un molde para hornear forrado con papel de aluminio de 18 x 28 cm/7 x 11. Hornee en un horno precalentado a 180°C/350°F/Gas 4 durante unos 20 minutos, hasta que esté elástico al tacto.

Para hacer el glaseado, tamizar el azúcar glass y el cacao en un bol y añadir una gota de agua hirviendo. Revuelva hasta que esté bien combinado, agregando una gota o más de agua si es necesario. Mientras aún está tibio (pero no caliente), congela el brownie, luego deja que se enfríe antes de cortarlo en cuadrados.

Brownies de chocolate y avellanas

hace 12

50 g/2 oz/½ taza de chocolate natural (semidulce)

75 g/1/3 taza de mantequilla o margarina

225 g/8 oz/1 taza de azúcar fina

75 g de harina de trigo (para todo uso)

75g/3oz/¾ taza de nueces picadas

50g/2oz/½ taza de chispas de chocolate

2 huevos batidos

2,5 ml/½ cucharadita de esencia de vainilla (extracto)

Derrita el chocolate y la mantequilla o la margarina en un recipiente resistente al calor colocado sobre una cacerola con agua hirviendo a fuego lento. Retire del fuego y mezcle con el resto de los ingredientes. Vierta en un molde desmontable de 20 cm / 8 pulgadas engrasado y forrado y hornee en el horno precalentado a 180 ° C / 350 ° F / marca de gas 4 durante 30 minutos hasta que un palillo insertado en el centro salga limpio. Dejar enfriar en la forma, luego cortar en cuadrados.

Barras de mantequilla

Hace 16

100 g/4 oz/½ taza de mantequilla o margarina, blanda

100 g / 4 oz / ½ taza de azúcar en polvo

1 huevo, separado

100 g/4 oz/1 taza de harina normal (para todo uso)

25 g / 1 oz / ¼ taza de nueces mixtas picadas

Bate la mantequilla o la margarina con el azúcar hasta que quede suave y esponjosa. Batir la yema de huevo, luego mezclar la harina y las nueces para hacer una mezcla bastante espesa. Si está demasiado rígido, agregue un poco de leche; si está líquido, agregue un poco más de harina. Transfiera la masa a un molde para rollos de 30 x 20 cm/12 x 8 (gelly pan) engrasado. Bate la clara de huevo y extiéndela sobre la mezcla. Hornee en un horno precalentado a 180°C/350°F/Gas 4 durante 30 minutos hasta que estén doradas. Dejar enfriar y luego cortar en palitos.

Caramelo de cereza en una bandeja

hace 12

100g/4oz/1 taza de almendras

225 g/8 oz/1 taza de cerezas glaseadas (confitadas), partidas a la mitad

225 g/8 oz/1 taza de mantequilla o margarina, blanda

225 g/8 oz/1 taza de azúcar fina

3 huevos batidos

100 g/4 oz/1 taza de harina leudante (autoleudante)

50g/2oz/½ taza de almendras molidas

5 ml/1 cucharadita de polvo de hornear

5 ml/1 cucharadita de esencia de almendras (extracto)

Espolvorea las almendras y las cerezas en el fondo de un molde desmontable (bandeja) de 20 cm / 8 engrasado y forrado. Derrita 50 g/2 oz/¼ de taza de mantequilla o margarina con 50 g/2 oz/¼ de taza de azúcar, luego vierta sobre las cerezas y las nueces. Batir la mantequilla o margarina restante con el azúcar hasta que quede suave y esponjosa, luego batir los huevos y mezclar con la harina, la almendra molida, el polvo para hornear y la esencia de almendra. Verter la mezcla en el molde y nivelar la parte superior. Hornee en un horno precalentado a 160°C/325°F/Gas 3 durante 1 hora. Deje que se enfríe en la lata durante unos minutos, luego invierta con cuidado sobre la rejilla de alambre, raspando los restos del papel de revestimiento si es necesario. Dejar enfriar completamente antes de rebanar.

Cazuelas De Chocolate En Una Bandeja

Hace 24

100 g/4 oz/½ taza de mantequilla o margarina, blanda

100 g/4 oz/½ taza de azúcar morena suave

50 g/2 oz/¼ taza de azúcar en polvo

1 huevo

5 ml/1 cucharadita de esencia de vainilla (extracto)

100 g/4 oz/1 taza de harina normal (para todo uso)

2,5 ml/½ cucharadita de bicarbonato de sodio (bicarbonato de sodio)

Pizca de sal

100 g/4 oz/1 taza de chispas de chocolate

Bate la mantequilla o margarina y los azúcares hasta que estén suaves y esponjosos, luego agrega gradualmente el huevo y la esencia de vainilla. Agregue la harina, el bicarbonato de sodio y la sal. Mezclar con trocitos de chocolate. Vierta en un molde para hornear cuadrado de 25 cm/12 engrasado y enharinado y hornee en un horno precalentado a 190°C/375°F/Gas Mark 2 durante 15 minutos hasta que se doren. Dejar enfriar y luego cortar en cuadrados.

Una capa de crumble de canela

hace 12

Para la base:

100 g/4 oz/½ taza de mantequilla o margarina, blanda

30 ml/2 cucharadas de miel pura

2 huevos, ligeramente batidos

100 g/4 oz/1 taza de harina normal (para todo uso)

Para el desmoronamiento:

75 g/1/3 taza de mantequilla o margarina

75 g de harina de trigo (para todo uso)

75g/3oz/¾ taza de avena

5 ml/1 cucharadita de canela molida

50g/2oz/¼ taza azúcar demerara

Bate la mantequilla o la margarina con la miel hasta que quede ligera y esponjosa. Poco a poco batir los huevos, luego agregar la harina. Vierta la mitad de la mezcla en un molde para pastel cuadrado de 20 cm / 8 engrasado y nivele la superficie.

Para hacer el crumble, frotar la mantequilla o la margarina en la harina hasta que la mezcla parezca pan rallado. Agrega la avena, la canela y el azúcar. Vierta la mitad del crumble en el molde, luego espolvoree con la mezcla para pastel restante y luego con el resto del crumble. Hornee en un horno precalentado a 190°C/375°F/Gas 5 durante unos 35 minutos, hasta que al insertar un palillo en el centro, éste salga limpio. Dejar enfriar y luego cortar en palitos.

Barras de canela pegajosas

Hace 16

225 g/8 oz/2 tazas de harina normal (para todo uso)

10 ml/2 cucharaditas de polvo de hornear

225 g/8 oz/1 taza de azúcar morena blanda

15 ml/1 cucharada de mantequilla derretida

250ml/8oz/1 taza de leche

30 ml/2 cucharadas de azúcar demerara

10 ml/2 cucharaditas de canela molida

25 g/1 oz/2 cucharadas de mantequilla, fría y cortada en cubitos

Mezclar la harina, el polvo de hornear y el azúcar. Agregue la mantequilla derretida y la leche y mezcle bien. Presione la mezcla en dos moldes cuadrados (bandejas) con un diámetro de 23 cm/9. Espolvorea la parte superior con azúcar demerara y canela, luego exprime trozos de mantequilla sobre la superficie. Hornee en un horno precalentado a 180°C/350°F/Gas 4 durante 30 minutos. La mantequilla hará agujeros en la mezcla y se volverá pegajosa mientras se cocina.

Barritas de coco

Hace 16

75 g/1/3 taza de mantequilla o margarina

100 g/4 oz/1 taza de harina normal (para todo uso)

30 ml/2 cucharadas de azúcar fina (muy fina)

2 huevos

100 g/4 oz/½ taza de azúcar morena suave

Pizca de sal

175 g/6 oz/1½ taza de coco seco (picado)

50 g / 2 oz / ½ taza de nueces mixtas picadas

glaseado de naranja

Frote la mantequilla o la margarina en la harina hasta que la mezcla parezca pan rallado. Añadir el azúcar y colocar en un molde cuadrado de 23 cm/9 (sartén). Hornee en un horno precalentado a 190°C/350°F/Gas 4 durante 15 minutos hasta que cuaje.

Batir los huevos, el azúcar moreno y la sal, luego agregar el coco y las nueces y esparcir sobre la base. Hornear durante 20 minutos hasta que cuaje y se dore. Una vez enfriado, helado con glaseado de naranja. Cortar en palitos.

Bocadillos con coco y mermelada

Hace 16

25 g/2 cucharadas de mantequilla o margarina

175 g/6 oz/1½ taza de harina leudante

225 g/8 oz/1 taza de azúcar fina

2 yemas

75 ml/5 cucharadas de agua

175 g/6 oz/1½ taza de coco seco (picado)

4 claras de huevo

50 g/2 oz/½ taza de harina normal (para todo uso)

100g/4oz/1/3 taza de mermelada de fresa (enlatada)

Frote la mantequilla o la margarina en la harina con levadura, luego agregue 50 g/2 oz/¼ de taza de azúcar. Batir las yemas de huevo con 45 ml/3 cucharadas de agua e incorporar a la mezcla. Presionar en el fondo de un molde engrasado de 30 x 20 cm/12 x 8 en forma de rollo (gelatina) y pinchar con un tenedor. Hornee en un horno precalentado a 180°C/350°F/Gas 4 durante 12 minutos. Dejar enfriar.

Coloque el coco, el resto del azúcar y el agua, y una clara de huevo en la sartén y revuelva a fuego lento hasta que la mezcla se vuelva grumosa sin dejar que se dore. Dejar enfriar. Agregue la harina de trigo. Batir las claras de huevo restantes hasta que estén firmes, luego agregar a la mezcla. Unte el fondo con la mermelada y luego extienda el glaseado de coco. Llevar al horno por 30 minutos hasta que esté dorado. Dejar enfriar en el molde antes de cortar en barras.

Traybake de dátiles y manzana

hace 12

1 manzana hervida (rallada), pelada, sin corazón y picada

225 g/8 oz/11/3 tazas de dátiles deshuesados (sin semillas), picados

150 ml/¼ pt/2/3 tazas de agua

350g/12oz/3 tazas de avena

175 g/6 oz/¾ taza de mantequilla o margarina derretida

45 ml/3 cucharadas de azúcar demerara

5 ml/1 cucharadita de canela molida

Ponga las manzanas, los dátiles y el agua en una olla y cocine a fuego lento durante unos 5 minutos hasta que las manzanas estén blandas. Dejar enfriar. Mezcla avena, mantequilla o margarina, azúcar y canela. Ponga media cucharada en un molde para pastel cuadrado de 20 cm / 8 engrasado (bandeja) y nivele la superficie. Adorne con la mezcla de manzana y dátiles, luego cubra con la mezcla de avena restante y nivele la superficie. Presione hacia abajo suavemente. Hornee en un horno precalentado a 190°C/375°F/Gas 5 durante unos 30 minutos hasta que estén doradas. Dejar enfriar y luego cortar en palitos.

Rodajas de dátiles

hace 12

225 g/8 oz/1 1/3 tazas de dátiles deshuesados (sin semillas), picados

30 ml/2 cucharadas de miel pura

30 ml/2 cucharadas de jugo de limón

225g/8oz/1 taza de mantequilla o margarina

225 g/8 oz/2 tazas de harina integral (entera)

225g/8oz/2 tazas de avena

75g/3oz/1/3 taza de azúcar moreno suave

Guisar los dátiles, la miel y el jugo de limón a fuego lento durante unos minutos hasta que los dátiles estén tiernos. Frote la mantequilla o la margarina en la harina y la avena hasta que la mezcla parezca pan rallado, luego agregue el azúcar. Vierta la mitad de la mezcla en un molde para pastel cuadrado de 20 cm / 8 engrasado y forrado. Vierta la mezcla de dátiles encima, luego termine con la mezcla de masa restante. Presione firmemente. Hornee en un horno precalentado a 190°C/375°F/Gas 5 durante 35 minutos hasta que esté elástico al tacto. Dejar enfriar en la forma, aún caliente, cortar en rodajas.

Barras de dátiles de la abuela

Hace 16

100 g/4 oz/½ taza de mantequilla o margarina, blanda

225 g/8 oz/1 taza de azúcar morena blanda

2 huevos, ligeramente batidos

175 g/6 oz/1½ taza de harina normal (para todo uso)

2,5 ml/½ cucharadita de bicarbonato de sodio (bicarbonato de sodio)

5 ml/1 cucharadita de canela molida

Una pizca de clavo molido

Una pizca de nuez moscada rallada

175 g/6 oz/1 taza de dátiles deshuesados (sin semillas), picados

Bate la mantequilla o la margarina con el azúcar hasta que quede suave y esponjosa. Poco a poco agregue los huevos, batiendo bien después de cada adición. Mezclar el resto de los ingredientes hasta que estén bien combinados. Vierta en un molde para hornear cuadrado de 23 cm/9 engrasado y enharinado y hornee en un horno precalentado a 180 °C/350 °F/nivel de gas 4 durante 25 minutos hasta que el centro de la brocheta salga limpio. Dejar enfriar y luego cortar en palitos.

Barritas de avena y dátiles

Hace 16

175 g/6 oz/1 taza de dátiles deshuesados (sin semillas), picados

15 ml/1 cucharada de miel clara

30 ml/2 cucharadas de agua

225 g/8 oz/2 tazas de harina integral (entera)

100g/4oz/1 taza de avena

100 g/4 oz/½ taza de azúcar morena suave

150 g/2/3 taza de mantequilla o margarina derretida

Cocine a fuego lento los dátiles, la miel y el agua en una cacerola pequeña hasta que los dátiles estén blandos. Mezcle la harina, la avena y el azúcar, luego mezcle con mantequilla derretida o margarina. Presione la mitad de la mezcla en un molde para pastel cuadrado de 18 cm / 7 engrasado (pan), espolvoree con la masa de dátiles, cubra con la mezcla de avena restante y presione suavemente hacia abajo. Hornee en un horno precalentado a 180°C/350°F/nivel de gas 4 durante 1 hora hasta que esté firme y dorado. Deje enfriar en el molde, cortando en barras mientras aún está caliente.

Barritas de dátiles y nueces

hace 12

100 g/4 oz/½ taza de mantequilla o margarina, blanda

150 g / 5 oz / 2/3 taza de azúcar en polvo

1 huevo, ligeramente batido

100 g/4 oz/1 taza de harina leudante (autoleudante)

225 g/8 oz/11/3 tazas de dátiles deshuesados (sin semillas), picados

100 g / 1 taza de nueces picadas

15 ml/1 cucharada de leche (opcional)

100 g/4 oz/1 taza de chocolate normal (semidulce)

Bate la mantequilla o la margarina con el azúcar hasta que quede suave y esponjosa. Agregue el huevo, luego la harina, los dátiles y las nueces, y agregue un poco de leche si la mezcla está demasiado espesa. Coloque con una cuchara en un molde para panecillos de 30 x 20 cm/12 x 8 engrasado (molde para gelatina) y hornee en un horno precalentado a 180 °C/350 °F/nivel de gas 4 durante 30 minutos hasta que esté suave al tacto. Dejar enfriar.

Derrita el chocolate en un recipiente resistente al calor colocado sobre una cacerola con agua hirviendo a fuego lento. Extender sobre la mezcla y dejar enfriar y cuajar. Cortar en palitos con un cuchillo afilado.

higo barra

Hace 16

225 g de higos frescos picados

30 ml/2 cucharadas de miel pura

15 ml/1 cucharada de jugo de limón

225 g/8 oz/2 tazas de harina integral (entera)

225g/8oz/2 tazas de avena

225g/8oz/1 taza de mantequilla o margarina

75g/3oz/1/3 taza de azúcar moreno suave

Cocine los higos, la miel y el jugo de limón a fuego lento durante 5 minutos. Dejar enfriar. Mezcle la harina y la avena, luego frote con mantequilla o margarina y agregue azúcar. Presione la mitad de la mezcla en un molde desmontable cuadrado de 20 cm/8 pulgadas y cubra con la masa de higos. Cubrir con la masa restante y presionar firmemente. Hornee en un horno precalentado a 180°C/350°F/gas marca 4 durante 30 minutos hasta que estén dorados. Dejar enfriar en el molde, luego cortar en rodajas mientras aún está caliente.

flipjacks

Hace 16

75 g/1/3 taza de mantequilla o margarina

50 g/2 oz/3 cucharadas de jarabe de maíz dorado (ligero)

100 g/4 oz/½ taza de azúcar morena suave

175 g/6 oz/1½ taza de avena

Derrita la mantequilla o la margarina con el almíbar y el azúcar, luego agregue la avena. Presione en un molde cuadrado de 20 cm / 8 engrasado y hornee en un horno precalentado a 180 ° C / 350 ° F / Gas 4 durante aproximadamente 20 minutos hasta que esté ligeramente dorado. Deje que se enfríe antes de cortar en barras, luego deje que se enfríe completamente en el molde antes de desecharlo.

Flapjacks De Cereza

Hace 16

75 g/1/3 taza de mantequilla o margarina

50 g/2 oz/3 cucharadas de jarabe de maíz dorado (ligero)

100 g/4 oz/½ taza de azúcar morena suave

175 g/6 oz/1½ taza de avena

100 g/1 taza de cerezas (confitadas), picadas

Derrita la mantequilla o margarina con el almíbar y el azúcar, luego mezcle la avena y las cerezas. Presione en un molde desmontable cuadrado de 20 cm/8 engrasado (bandeja) y hornee en un horno precalentado a 180 °C/350 °F/marca de gas 4 durante unos 20 minutos hasta que esté ligeramente dorado. Deje que se enfríe antes de cortar en barras, luego deje que se enfríe completamente en el molde antes de desecharlo.

Galletas de chocolate

Hace 16

75 g/1/3 taza de mantequilla o margarina

50 g/2 oz/3 cucharadas de jarabe de maíz dorado (ligero)

100 g/4 oz/½ taza de azúcar morena suave

175 g/6 oz/1½ taza de avena

100 g/4 oz/1 taza de chispas de chocolate

Derrita la mantequilla o margarina con el almíbar y el azúcar, luego mezcle la avena y las virutas de chocolate. Presione en un molde para pastel cuadrado de 20 cm / 8 engrasado (bandeja) y hornee en un horno precalentado a 180 ° C / 350 ° F / Gas 4 durante aproximadamente 20 minutos hasta que esté ligeramente dorado. Deje que se enfríe antes de cortar en barras, luego deje que se enfríe completamente en el molde antes de desecharlo.

Galletas de frutas

Hace 16

75 g/1/3 taza de mantequilla o margarina

100 g/4 oz/½ taza de azúcar morena suave

50 g/2 oz/3 cucharadas de jarabe de maíz dorado (ligero)

175 g/6 oz/1½ taza de avena

75g/3oz/½ taza de pasas, sultanas u otras frutas secas

Derrita la mantequilla o la margarina con el azúcar y el almíbar, luego agregue la avena y las pasas. Presione en un molde desmontable cuadrado de 20 cm/8 engrasado (bandeja) y hornee en un horno precalentado a 180 °C/350 °F/marca de gas 4 durante unos 20 minutos hasta que esté ligeramente dorado. Deje que se enfríe antes de cortar en barras, luego deje que se enfríe completamente en el molde antes de desecharlo.

Flapjacks con frutas y nueces

Hace 16

75 g/1/3 taza de mantequilla o margarina

100g/4oz/1/3 taza de miel pura

50g/2oz/1/3 taza de pasas

50g/2oz/½ taza de nueces picadas

175 g/6 oz/1½ taza de avena

Derrita la mantequilla o la margarina con la miel a fuego lento. Agregue las pasas, las nueces y la avena y mezcle bien. Vierta en un molde para pastel cuadrado de 23 cm / 9 engrasado (bandeja) y hornee en un horno precalentado a 180 ° C / 350 ° F / marca de gas 4 durante 25 minutos. Deje enfriar en el molde, cortando en barras mientras aún está caliente.

palitos de jengibre

Hace 16

75 g/1/3 taza de mantequilla o margarina

100 g/4 oz/½ taza de azúcar morena suave

50 g/3 cucharadas de almíbar de un tarro de tallo de jengibre

175 g/6 oz/1½ taza de avena

4 piezas de tallo de jengibre, finamente picado

Derrita la mantequilla o la margarina con el azúcar y el almíbar, luego mezcle la avena y el jengibre. Presione en un molde para pastel cuadrado de 20 cm / 8 engrasado (bandeja) y hornee en un horno precalentado a 180 ° C / 350 ° F / Gas 4 durante aproximadamente 20 minutos hasta que esté ligeramente dorado. Deje que se enfríe antes de cortar en barras, luego deje que se enfríe completamente en el molde antes de desecharlo.

Flapjacks de maní

Hace 16

75 g/1/3 taza de mantequilla o margarina

50 g/2 oz/3 cucharadas de jarabe de maíz dorado (ligero)

100 g/4 oz/½ taza de azúcar morena suave

175 g/6 oz/1½ taza de avena

100 g / 4 oz / 1 taza de nueces mixtas picadas

Derrita la mantequilla o margarina con el almíbar y el azúcar, luego mezcle la avena y las nueces. Presione en un molde para pastel cuadrado de 20 cm / 8 engrasado (bandeja) y hornee en un horno precalentado a 180 ° C / 350 ° F / Gas 4 durante aproximadamente 20 minutos hasta que esté ligeramente dorado. Deje que se enfríe antes de cortar en barras, luego deje que se enfríe completamente en el molde antes de desecharlo.

Galletas picantes de limón

Hace 16

100 g/4 oz/1 taza de harina normal (para todo uso)

100 g/4 oz/½ taza de mantequilla o margarina, blanda

75 g/3 oz/½ taza de azúcar en polvo (de repostería), tamizada

2,5 ml/½ cucharadita de polvo de hornear

Pizca de sal

30 ml/2 cucharadas de jugo de limón

10 ml/2 cucharaditas de ralladura de limón

Mezcle harina, mantequilla o margarina, azúcar en polvo y polvo de hornear. Presione en un molde para pastel cuadrado de 23 cm / 9 engrasado (bandeja) y hornee en un horno precalentado a 180 ° C / 350 ° F / marca de gas 4 durante 20 minutos.

Mezclar el resto de los ingredientes y batir hasta que quede suave y esponjoso. Vierta sobre una base caliente, reduzca la temperatura del horno a 160 °C/325 °F/nivel de gas 3 y colóquelo en el horno durante 25 minutos más hasta que se sienta flexible al tacto. Dejar enfriar y luego cortar en cuadrados.

Cuadritos de moca y coco

Hace 20

1 huevo

100 g / 4 oz / ½ taza de azúcar en polvo

100 g/4 oz/1 taza de harina normal (para todo uso)

10 ml/2 cucharaditas de polvo de hornear

Pizca de sal

75 ml/5 cucharadas de leche

75 g/1/3 taza de mantequilla o margarina, derretida

15 ml/1 cucharada de cacao (chocolate sin azúcar) en polvo

2,5 ml/½ cucharadita de esencia de vainilla (extracto)

Para la cobertura:

75 g/3 oz/½ taza de azúcar en polvo (de repostería), tamizada

50g/2oz/¼ taza de mantequilla o margarina derretida

45 ml/3 cucharadas de café negro fuerte y caliente

15 ml/1 cucharada de cacao (chocolate sin azúcar) en polvo

2,5 ml/½ cucharadita de esencia de vainilla (extracto)

25 g / 1 oz / ¼ taza de coco seco (rallado)

Batir los huevos con el azúcar hasta que estén suaves y esponjosos. Agregue la harina, el polvo de hornear y la sal alternando con la leche y la mantequilla o margarina derretida. Agrega el cacao y la esencia de vainilla. Vierta la mezcla en un molde para pastel cuadrado de 20 cm / 8 engrasado (bandeja) y hornee en un horno precalentado a 200 ° C / Gas 6 durante 15 minutos hasta que esté bien levantado y elástico al tacto.

Para hacer el topping, mezcle el azúcar glass, la mantequilla o margarina, el café, el cacao y la esencia de vainilla. Extienda la masa tibia y espolvoree con coco. Dejar enfriar en la forma, luego retirar y cortar en cuadrados.

hola muñequita galletas

Hace 16

100g/4oz/½ taza de mantequilla o margarina

100 g / 1 taza de galleta digestiva

(Galletas Graham) Migas

100 g/4 oz/1 taza de chispas de chocolate

100 g / 1 taza de coco seco (rallado)

100 g / 1 taza de nueces picadas

400g/14oz/1 lata grande de leche condensada

Derrita la mantequilla o la margarina y mezcle las migas de galleta. Presione la mezcla en una base engrasada y forrada con papel de aluminio de 28 x 18 cm/11 x 7 en un molde desmontable (bandeja). Espolvorear con chispas de chocolate, luego coco y finalmente nueces. Vierta la leche condensada encima y hornee en un horno precalentado a 180°C/350°F/nivel de gas 4 durante 25 minutos. Cortar en barras mientras aún está caliente, luego dejar que se enfríe por completo.

Barritas de nuez, chocolate y coco

hace 12

75g/3oz/¾ taza de chocolate con leche

75g/3oz/¾ taza de chocolate natural (semidulce)

75g/3oz/1/3 taza de mantequilla de maní crujiente

75 g / 3 oz / ¾ taza de galleta triturada (galletas Graham)

75g/3oz/¾ taza de nueces trituradas

75 g / 3 oz / ¾ taza de coco seco (rallado)

75g/3oz/¾ taza de chocolate blanco

Derrita el chocolate con leche en un recipiente resistente al calor sobre una olla de agua hirviendo a fuego lento. Extienda en el fondo de un molde para pastel cuadrado de 23 cm / 7 y déjelo enfriar.

Derrita suavemente el chocolate y la mantequilla de maní a fuego lento, luego mezcle las migas de galleta, las nueces y el coco. Extienda sobre el chocolate fijado y enfríe hasta que cuaje.

Derrita el chocolate blanco en un recipiente resistente al calor colocado sobre una cacerola con agua hirviendo a fuego lento. Espolvorear las galletas según el patrón, dejar solidificar y cortar en barras.

Cuadrados de nuez

hace 12

75g/3oz/¾ taza de chocolate natural (semidulce)

50g/2oz/¼ taza de mantequilla o margarina

100 g / 4 oz / ½ taza de azúcar en polvo

2 huevos

5 ml/1 cucharadita de esencia de vainilla (extracto)

75 g de harina de trigo (para todo uso)

2,5 ml/½ cucharadita de polvo de hornear

100 g / 4 oz / 1 taza de nueces mixtas picadas

Derrita el chocolate en un recipiente resistente al calor en una cacerola con agua hirviendo a fuego lento. Agregue la mantequilla hasta que se derrita, luego agregue el azúcar. Retire del fuego y bata los huevos y la esencia de vainilla. Agregue la harina, el polvo de hornear y las nueces. Vierta la mezcla en un molde desmontable cuadrado de 25 cm/10 engrasado (bandeja) y hornee en el horno precalentado a 180 °C/350 °F/nivel de gas 4 durante 15 minutos hasta que se doren. Cortar en cuadrados pequeños mientras aún está caliente.

Rodajas de naranja pecana

Hace 16

375 g/13 oz/3¼ tazas de harina normal (para todo uso)

275g/10oz/1¼ tazas de azúcar fina

5 ml/1 cucharadita de polvo de hornear

75 g/1/3 taza de mantequilla o margarina

2 huevos batidos

175ml/6oz/¾ taza de leche

200 g/7 oz/1 mandarinas enlatadas pequeñas, escurridas y picadas en trozos grandes

100 g / 1 taza de pecanas picadas

Ralladura finamente rallada de 2 naranjas

10 ml/2 cucharaditas de canela molida

Mezcle 325 g/3 tazas de harina, 225 g/1 taza de azúcar y polvo para hornear. Derrita 50 g/2 oz/¼ taza de mantequilla o margarina y agregue los huevos y la leche. Mezcle suavemente el líquido con los ingredientes secos hasta que quede suave. Agregue las mandarinas, las nueces y la ralladura de naranja. Vierta en un molde para hornear (bandeja) de 30 x 20 cm/12 x 8 engrasado y forrado. Rallar el resto de la harina, el azúcar, la mantequilla y la canela y espolvorear sobre la masa. Hornee en un horno precalentado a 180°C/350°F/Gas 4 durante 40 minutos hasta que estén doradas. Dejar enfriar en el molde, luego cortar en unas 16 rebanadas.

Bizcocho

hace 16 cuadrados

100 g/4 oz/½ taza de manteca de cerdo (reducida)

100g/4oz/½ taza de mantequilla o margarina

75g/3oz/1/3 taza de azúcar moreno suave

100 g/4 oz/1/3 taza de jarabe de maíz dorado (ligero)

100g/4oz/1/3 taza de melaza negra (melaza)

10 ml/2 cucharaditas de bicarbonato de sodio

150 ml/¼ pt/2/3 taza de leche

225 g/8 oz/2 tazas de harina integral (entera)

225g/8oz/2 tazas de avena

10 ml/2 cucharaditas de jengibre molido

2,5 ml/½ cucharadita de sal

Derrita la manteca de cerdo, la mantequilla o margarina, el azúcar, el almíbar y la melaza en una sartén. Disuelva el bicarbonato de sodio en la leche y mezcle en la sartén con los ingredientes restantes. Vierta en un molde para pastel cuadrado de 20 cm / 8 engrasado y forrado (bandeja) y hornee en un horno precalentado a 160 ° C / 325 ° F / marca de gas 3 durante 1 hora hasta que esté firme. Puede hundirse por dentro. Deje que se enfríe y luego guárdelo en un recipiente hermético durante unos días antes de cortarlo en cuadrados y servirlo.

Barras de mantequilla de cacahuete

Hace 16

100 g/1 taza de mantequilla o margarina

175 g/6 oz/1¼ taza de harina normal (para todo uso)

175 g/6 oz/¾ taza de azúcar morena suave

75g/3oz/1/3 taza de mantequilla de maní

Pizca de sal

1 yema pequeña, batida

2,5 ml/½ cucharadita de esencia de vainilla (extracto)

100 g/4 oz/1 taza de chocolate normal (semidulce)

50 g/2 oz/2 taza de copos de arroz inflado

Frote la mantequilla o la margarina en la harina hasta que la mezcla parezca pan rallado. Agregue azúcar, 30 ml/2 cucharadas de mantequilla de maní y sal. Agregue la yema de huevo y la esencia de vainilla y mezcle hasta que estén bien combinados. Presione en un molde para pastel cuadrado de 25 cm / 10 (bandeja). Hornee en un horno precalentado a 160°C/325°F/Gas 3 durante 30 minutos hasta que esté hinchado y flexible al tacto.

Derrita el chocolate en un recipiente resistente al calor en una cacerola con agua hirviendo a fuego lento. Retire del fuego y agregue la mantequilla de maní restante. Agregue el cereal y mezcle bien hasta que esté cubierto de chocolate. Coloca una cuchara sobre el pastel y nivela la superficie. Dejar enfriar, luego enfriar y cortar en barras.

Rebanadas de pícnic

hace 12

225g/8oz/2 tazas de chocolate natural (semidulce)

50 g/2 oz/¼ taza de mantequilla o margarina, blanda

100 g / 4 oz / ½ taza de azúcar en polvo

1 huevo, ligeramente batido

100 g / 1 taza de coco seco (rallado)

50g/2oz/1/3 taza de sultanas (pasas doradas)

50 g/2 oz/¼ taza de cerezas confitadas (congeladas), picadas

Derrita el chocolate en un recipiente resistente al calor colocado sobre una cacerola con agua hirviendo a fuego lento. Verter en una base engrasada y forrada con un Swiss Roll (gelatina) de 30 x 20 cm/12 x 8. Bate la mantequilla o la margarina con el azúcar hasta que quede suave y esponjosa. Agregue gradualmente el huevo, luego mezcle el coco, las sultanas y las cerezas. Cepille con chocolate y hornee en un horno precalentado a 150°C/300°F/gas marca 3 durante 30 minutos hasta que estén doradas. Dejar enfriar y luego cortar en palitos.

Barritas de piña y coco

Hace 20

1 huevo

100 g / 4 oz / ½ taza de azúcar en polvo

75 g de harina de trigo (para todo uso)

5 ml/1 cucharadita de polvo de hornear

Pizca de sal

75 ml/5 cucharadas de agua

Para la cobertura:

200 g/7 oz/1 lata pequeña de piña, escurrida y picada

25 g/2 cucharadas de mantequilla o margarina

50 g/2 oz/¼ taza de azúcar en polvo

1 yema

25 g / 1 oz / ¼ taza de coco seco (rallado)

5 ml/1 cucharadita de esencia de vainilla (extracto)

Batir el huevo con el azúcar hasta que quede claro y pálido. Agregue la harina, el polvo para hornear y la sal alternando con el agua. Vierta en un molde para pastel cuadrado de 18 cm/7 engrasado y enharinado y hornee en el horno precalentado a 200 °C/400 °F/Gas 6 durante 20 minutos, hasta que se infle y esté elástico al tacto. Pon la piña sobre el bizcocho tibio. Caliente los ingredientes restantes de la cobertura en una cacerola pequeña a fuego lento, revolviendo constantemente, hasta que estén bien combinados, sin permitir que la mezcla hierva. Cubra con una cucharada de piña, luego regrese el pastel al horno por otros 5 minutos hasta que la parte superior esté dorada. Deje que se enfríe en el molde durante 10 minutos, luego colóquelo sobre una rejilla para que se enfríe por completo antes de cortarlo en barras.

Bizcocho de ciruelas y levadura

Hace 16

15 g de levadura fresca o 20 ml/4 cucharaditas de levadura seca

50 g/2 oz/¼ taza de azúcar en polvo

150 ml/¼ pt/2/3 taza de leche tibia

50g/2oz/¼ taza de mantequilla o margarina derretida

1 huevo

1 yema

250 g/9 oz/2¼ tazas de harina normal (para todo uso)

5 ml/1 cucharadita de ralladura de limón finamente rallada

675 g de ciruelas, en cuartos y sin hueso (sin hueso)

Azúcar en polvo (de repostería), tamizada, para espolvorear

canela molida

Mezclar la levadura con 5 ml/1 cucharadita de azúcar y un poco de leche tibia y reservar en un lugar cálido durante 20 minutos hasta que esté espumoso. Batir el azúcar restante y la leche con la mantequilla o margarina derretida, el huevo y la yema. En un tazón, combine la harina y la ralladura de limón, y haga un pozo en el centro. Poco a poco batir la mezcla de levadura y la mezcla de huevo en una masa suave. Bate hasta que la masa esté muy suave y comiencen a formarse burbujas en la superficie. Presione suavemente en un molde para pastel cuadrado de 25 cm/10 engrasado y enharinado. Coloque las ciruelas muy juntas encima del pastel. Cubrir con film transparente aceitado (papel aluminio) y dejar en un lugar cálido durante 1 hora hasta que doble su tamaño. Coloque en un horno precalentado a 200°C/400°F/Gas 6, luego reduzca inmediatamente la temperatura del horno a 190°C/375°F/Gas 5 y hornee por 45 minutos. Reduzca la temperatura del horno a 180°C/350°F/marca de gas 4 nuevamente y hornee por 15 minutos más hasta que estén doradas. Mientras el bizcocho aún está caliente, espolvorear con azúcar glas y canela, dejar enfriar y cortar en cubos.

Barritas Americanas De Calabaza

Hace 20

2 huevos

175 g/6 oz/¾ taza (muy fina) de azúcar

120ml/4oz/½ taza de aceite

225 g de calabaza cocida cortada en dados

100 g/4 oz/1 taza de harina normal (para todo uso)

5 ml/1 cucharadita de polvo de hornear

5 ml/1 cucharadita de canela molida

2,5 ml/½ cucharadita de bicarbonato de sodio (bicarbonato de sodio)

50g/2oz/1/3 taza de sultanas (pasas doradas)

pastel de queso crema

Batir los huevos hasta que estén suaves y esponjosos, luego batir el azúcar y el aceite y mezclar con la calabaza. Bate la harina, el polvo de hornear, la canela y el bicarbonato de sodio hasta que estén bien combinados. Agregue las sultanas. Vierta la mezcla en un molde para panecillos de 30x20cm/12x8 engrasado y enharinado y hornee en un horno precalentado a 180°C/350°F/nivel de gas 4 durante 30 minutos hasta que al insertar un palillo salga limpio por dentro. Dejar enfriar, luego untar con cobertura de queso y cortar en palitos.

Barritas de membrillo y almendras

Hace 16

450 g / 1 libra de membrillo

50g/2oz/¼ taza de manteca (manteca vegetal)

50g/2oz/¼ taza de mantequilla o margarina

100 g/4 oz/1 taza de harina normal (para todo uso)

30 ml/2 cucharadas de azúcar fina (muy fina)

Unos 30 ml/2 cucharadas de agua

Para el llenado:

75 g/1/3 taza de mantequilla o margarina, blanda

100 g / 4 oz / ½ taza de azúcar en polvo

2 huevos

Unas gotas de esencia de almendras (extracto)

100 g / 1 taza de almendras molidas

25 g/1 oz/¼ taza de harina normal (para todo uso)

50g/2oz/½ taza de almendras en hojuelas (en rodajas)

Pelar los membrillos, ahuecarlos y cortarlos en láminas finas. Poner en una sartén y simplemente verter agua. Llevar a ebullición y cocine a fuego lento durante unos 15 minutos hasta que estén tiernos. Drene el exceso de agua.

Frote la manteca de cerdo y la mantequilla o margarina en la harina hasta que la mezcla parezca pan rallado. Añade azucar. Agregue suficiente agua para amasar hasta obtener una masa suave, luego extiéndala sobre una superficie ligeramente enharinada y cubra el fondo y los lados de un molde de 30 x 20 cm/12 x 8 en un molde para rollos (molde para gelatina). Pinchar con un tenedor. Usando una espumadera, coloque los membrillos sobre la masa.

Batir la mantequilla o margarina con el azúcar, luego batir poco a poco los huevos y la esencia de almendras. Agregue las almendras molidas y la harina, luego vierta sobre los membrillos. Espolvorea las almendras rebanadas encima y hornea en un horno precalentado a 180 °C/350 °F/nivel de gas 4 durante 45 minutos hasta que esté firme y dorada. Después de enfriar, cortar en cuadrados.

Barras de pasas

hace 12

175g/6oz/1 taza de pasas

250ml/8oz/1 taza de agua

75 ml/5 cucharadas de aceite

225 g/8 oz/1 taza de azúcar fina

1 huevo, ligeramente batido

200 g/7 oz/1¾ taza de harina (para todo uso)

1,5 ml/¼ de cucharadita de sal

5 ml/1 cucharadita de bicarbonato de sodio

5 ml/1 cucharadita de canela molida

2,5 ml/½ cucharadita de nuez moscada rallada

2,5 ml/½ cucharadita de pimienta de Jamaica molida

Una pizca de clavo molido

50g/2oz/½ taza de chispas de chocolate

50g/2oz/½ taza de nueces picadas

30 ml/2 cucharadas de azúcar glas (de confitería), tamizada

Hierva las pasas y el agua, luego agregue el aceite, retire del fuego y deje enfriar. Agregue el azúcar en polvo y el huevo. Mezcle la harina, la sal, el bicarbonato de sodio y las especias. Mezcle con la mezcla de pasas, luego agregue las chispas de chocolate y las nueces. Coloque con una cuchara en un molde para pasteles cuadrado de 30 cm/12 engrasado (molde) y hornee en un horno precalentado a 190 °C/375 °F/nivel de gas 5 durante 25 minutos hasta que la masa comience a encogerse de los lados del molde. Dejar enfriar, espolvorear con azúcar impalpable y cortar en barras.

cuadritos de avena y frambuesa

hace 12

175 g/6 oz/¾ taza de mantequilla o margarina

225 g/8 oz/2 tazas de harina leudante (autoleudante)

5 ml/1 cucharadita de sal

175 g/6 oz/1½ taza de avena

175 g/6 oz/¾ taza (muy fina) de azúcar

300 g/11 oz/1 lata mediana de frambuesas, escurridas

Frote la mantequilla o margarina en la harina y la sal, luego mezcle la avena y el azúcar. Presione la mitad de la mezcla en un molde para hornear cuadrado de 25 cm/10 engrasado. Espolvorea las frambuesas por encima y cubre con la mezcla restante, presionando bien. Hornear en horno precalentado a 200°C/gas 6 durante 20 minutos. Dejar enfriar en la forma, luego cortar en cuadrados.